全国小学生校园美文精品集萃丛

七色阳光
小少年

淡淡的日子也飘香

《语文报》编写组 编

时代文艺出版社

图书在版编目（CIP）数据

淡淡的日子也飘香 /《语文报》编写组编. —长春：时代文艺出版社，2018.8（2023.6重印）
（"七色阳光小少年"全国小学生校园美文精品集萃丛书）

ISBN 978-7-5387-5865-8

Ⅰ. ①淡… Ⅱ. ①语… Ⅲ. ①作文－小学－选集 Ⅳ. ①H194.4

中国版本图书馆CIP数据核字（2018）第113189号

出 品 人　陈　琛
产品总监　郭力家
责任编辑　刘瑀婷
装帧设计　孙　利
排版制作　隋淑凤

淡淡的日子也飘香

《语文报》编写组 编

出版发行 / 时代文艺出版社
地址 / 长春市福祉大路5788号　龙腾国际大厦A座15层　邮编 / 130118
总编办 / 0431-81629751　发行部 / 0431-81629758
官方微博 / weibo.com / tlapress
印刷 / 北京一鑫印务有限责任公司
开本 / 700mm×980mm　1 / 16　字数 / 153千字　印张 / 11
版次 / 2018年8月第1版　印次 / 2023年6月第5次印刷　定价 / 34.80元

编 委 会

主　　编：刘应伦

编　　委：刘应伦　赵　静　李音霞

　　　　　郭　斐　刘瑞霞　王素红

　　　　　金星闪　周　起　华晓隽

　　　　　何发祥　朱晓东　陈　颖

　　　　　段岩霞　刘学强

本册主编：金星闪　朱曼云　柯泳君

目　录

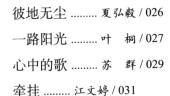

有一种美丽

留住那抹温情

风筝线上的温度

我的阳光依旧

一 路 阳 光

　　这是一个令人感动的故事，不仅仅是因为那张在拥抱时贴上去的纸条，更多的感动则源于那些看到纸条的陌生人。他们没有对纸条视而不见，而是用一个微笑，一声关心，一点点照顾，传递了爱，成全了爱，他们的一点点付出，撒满了一路阳光，温暖了一颗心。

感受温暖

——梳子里流淌的爱

周 凡

我生日那天，阳光灿烂，母亲说要为我梳头。我满怀喜悦，静静地坐在凳子上，感受着背后淡黄色的柔美。梳子在我的长发上慢慢地滑动，这种感觉伴着母亲轻柔的呼吸汇成一股暖流，钻进我的长发，拨动了我的思绪。

记得小时候，母亲最喜欢给我梳麻花辫子。每天早晨，不论多忙，她总让我坐在小板凳上，微笑着帮我打"麻花"。每次，母亲都小心翼翼地捏起一束头发，在头发根部抓紧，再把下面的头发梳通，然后细心地把头发均匀地分成两股，一股让我拿着，另一股又分成三股，然后母亲把每两股分别交叉，轻轻地拉紧，再交叉、再拉紧……我感到后头皮一阵阵发紧，却没一丝痛的感觉。只一会儿工夫，麻花辫子就编好了。母亲用漂亮的红绸带把这三股头发合成一束，扎紧，再打个蝴蝶结。这时，母亲笑了。

母亲有许许多多的头绳，不管去哪儿，她都忘不了带几根回来，然后当我穿不同颜色衣服的时候，给我配上不同颜色的头绳。母亲很喜欢这么做，至今也是如此。

扎好了头发，母亲总会让我站起来，在原地转三个圈，仔仔细细地打量我一番，帮我整整衣领，拉拉裤脚。直到她满意了，就把我拉到镜子前，问我怎么样。镜子里，有一个被精心打扮的小女孩儿和一位很开心的母亲。我一直不明白母亲为什么笑得那么开心，好像镜子里那个打扮得很漂亮的小女孩儿是她自己似的。

　　多少年来，母亲一直乐此不疲，每天重复着同样的事情。直到我十二岁那年，我拿着头绳要母亲梳头时，母亲却说："孩子，你已经不是妈妈的小丫头了。"于是，从那天开始我就自己梳头，虽然有时梳得乱蓬蓬的一把，可镜子里的母亲依然笑得很开心。

　　"好了，站起来看看吧！"母亲的话打断了我的思绪，我站起来，在原地转了三圈。"瞧，这么粗心，领子又没翻好。"母亲一边嗔怪一边为我整了整衣领，然后像往常一样送我出了门。

　　和煦的阳光沐浴着我，我的心里也充盈了暖意，我觉得自己变得更加漂亮，更加成熟了，而这应该是母亲的恩赐。

　　感谢母亲！

003

幸福在这里

凌　娜

　　脚步沉重，慢慢走回家，期末考试结束了，但我的语文考得不太理想，放假的快乐消失得无影无踪，我一下子掉进了伤心的深渊。回家的路显得那么漫长……

　　我慢慢地打开了家门，发现爸爸妈妈还没有下班，我默默地蜷伏在沙发上，耷拉着脑袋等待"暴风雨"的来临，两眼盯着天花板，心中好似塞着一块大石头。突然，旁边的八哥拍打着翅膀，叽叽喳喳的叫声吸引了我的视线，我心不在焉地扔给它一小块干燥而坚硬的面包，让它别再叫了让我心烦。八哥似乎领会了我的心意不再吵闹，啄着那块面包，啄了几口，发现啄不动，便把它放到水盆里泡了一会儿，再啄起那块变湿了的面包又放进食盆里，慢慢地享用起来。我惊讶于八哥的聪明，能改换方式将这块坚硬的面包吃掉。我来了兴致，把八哥的笼子打开，放它出来。

　　八哥出来了，它来到我的脚边，啄着我的鞋，一边用眼睛看着我，继而蹦到我的鞋面上，啄着鞋上的绒毛，可我没心情来逗它玩。一会儿，它又跑到椅旁走动着，仍时不时地斜着小脑袋看我几眼，转眼间，它又跳到我的脚上，啄我的脚，好似告诉我：请不要忽视我的存在！

　　我知道它喜欢玩小东西，而且能发出响声的。我便扔了一个铃铛给它，八哥随着铃铛滚动的声音跑去，时不时地啄着铃铛，发出丁零零的声音。这声音好像是铃铛为八哥奏出的欢乐曲。我站起身来走动着，八哥跟着我走来了，我走得快，它追不上，就拍打着自己的小翅膀追上我。我渐渐开朗起来，我伸手去抓它，它低低地飞了起来，打了一个转又回到我的身边，我被八哥逗乐了，一切烦恼都融化了，我的全身好似充满了快乐的细胞，充满了精神。

　　八哥，这个聪明的小家伙，它能机智地啃掉坚硬的面包，又好像很懂我的心情，是我亲密的伙伴，在我伤心时给我安慰，给我精神，给我一种释然平和的心态，给我平添了乐趣，驱散了心中的阴霾，让我的心中充满了幸福的阳光，收获了满满的幸福。

　　幸福在这里。

温暖心灵的瞬间

周　南

美不是开放过后的花，而是花开放时的那一瞬间；

感动不是事后的感慨，而是感觉眼泪要流下的那一瞬间；

温暖不是在朋友送来的炭火旁取暖时手心的温度，而是看到朋友送炭火来的那一瞬间。

生活中常常绽放着绚烂的瞬间，给心灵带来永久的温暖。那些瞬间如同在夜间跳舞的小精灵，生命短暂到触碰到阳光便消失了，但那种留在人心的美丽是一辈子的。就像那些给我带来温暖的瞬间，温度存在心里，会随着时间慢慢增温。

那 句 话

新学期的班干竞选会上。我的心不听话地打着拨浪鼓，"咚咚、咚咚"，不知所措地担心着。对着这个新班级，我可以胜任心中的那份职务吗？我低着头，应该不怕的。可隐隐地，还有一丝不放心，总觉心上缺了某种东西。临上台的时候，坐在前排的徐突然回过头来，灿烂的笑容挂在脸上，听见他爽朗的声音一个字一个字清晰地传入我的耳朵："加油！"

加油！我觉得像阳光照在脸上那种复苏般充满勇气，还有，温暖。这个我并不太熟悉的同学，在那一瞬间带来我久久挥之不去的温暖。我几乎是同时的，还给他真诚的微笑。那一瞬间，我体验到被支持的快乐。

那 个 身 影

电子琴课被调到了晚上。老师家住在七拐八弯的小巷里，天很黑。我问王："你会来接我吗？"她含糊地答着："到时再说吧。"我没多说什么，只是打了个电话给爸爸。

晚上7点15分。我随妈妈漫不经心地走在回家的路上，忽地，一个熟悉的绿色身影飞速地前进。我看清了，心口压抑不住的激动。是王。她骑着自行车，踩得很快，风"呼呼"地往我耳朵里灌。我看见她没来得及刹住，车子驰得很远、很远。那一瞬，我们擦肩而过。我回过头，看见她停在原地，怔怔地看着我，一句话也没说。

我只是不停地、一遍又一遍地回忆起王踩车的模样，那么急，冲得飞快的她。觉得心里被什么东西堵住了，复杂得说不出话来。

那个路口，那个夜晚，那个瞬间，那个身影，我想我永远也忘不了了。友情带来的温暖的那一瞬，连同这个季节的回忆一同放进我的心里了。

后 记

这些温暖着我的心灵的瞬间，甚至让我在回忆的那一刻产生泪流的冲动。这些人，这些事，对我是如此重要。

在寒冷的冬夜，我看着天空忽然划过一道美丽的流火，带给人温暖和希冀。

快乐校园

金　娜

校园中，快乐无处不在！

——引子

"Oh，我的头！"

老师曾说过一句经典名言："上课时要专心听讲，哪怕是'头'掉了也不许捡。"同学们都虚心接受。

一日，老师在堂上滔滔不绝地说得起劲儿，我听得入神，耳膜却传来同桌珺的央求声："喂，娜，快救救我那亲爱的笔笔吧！"就在我准备弯腰拾笔的那一瞬间，半路杀出个程咬金——旁边的"美丽天使"郡拉了我一把，小声嘀咕着："千万不能捡，你不记得'头掉了也不准捡'吗？"我这才恍然大悟，连忙坐好，拒绝了珺的要求，并解释了其原因。她只好忍痛割爱，与她那所谓的"亲爱的笔笔"（其实也就是一支买了好几年都快用坏了的笔）分离一堂课。

"丁零零——"梦寐以求的下课铃终于打响了。珺那反常的举动使在座的每一位同学都感到无比诧异！Why？只见她以迅雷不及掩耳之势，弯下她那瘦小的身躯，刚触到笔尖便像触了电似的，喊出惊天动地的一声："Oh，我的头！"同学们顿时像被定了身似的，一动不动，随后爆发出排山倒海似的"狮吼功"！她却像一只受了惊的小鸟，问了一句："你们大家都没事吧？是为我和'笔笔'团聚感到高兴，还是脑袋进浆糊了？"话毕，又是一阵爆笑。只有珺还是丈二和尚——摸不着头脑。

"0+0=蔡依林"

班上搞笑人物非"国宝"健莫属。下课时，有人问了一个问题："7+1等于几？"健像小精灵似的一下子窜到人群中，用他的那"男高音"扯着嗓门儿喊道："不是'丑'就是8，也有可能是71！""回答正确！那么0+0=？"健绞尽脑汁也没想出来，便像霜打的茄子——蔫了。可没过二十秒，他又神采奕奕地回答道："0+0=蔡依林！"那人被这个意想不到的回答惊住了，像只猫头鹰一样，瞪大了眼睛，还没等到他反应过来，健又"飞"走了。可同学们都还没笑过瘾呢！

"？"的肖像权

还记得健的"0+0=蔡依林"的特殊结论吧！现在他又换了新花招了！想知道吗？

班级布置黑板报时，贴了一张关于大熊猫的照片。大家都很喜欢，可健非厚着脸皮，要找班长算账，算什么账呢？对话如下：

"班长，我要投诉！"（急忙）

"就凭你？！别让别人投诉你就不错了！"（蔑视）

"放心吧，不会有人投诉我的，谢谢你的关心，不过你还是先担心担心你自己吧！我要投诉的就是你！"（高兴，奸笑）

"那好吧，你说，我洗耳恭听！"（其实自己在画画）

"哼！（咳嗽一声）听好了，我投诉你乱用别人的东西，侵犯我的肖像权！"（做出一副清高的样子）

"什么肖像？"（班长一脸无辜与疑惑）

"就是那幅熊猫图呗！"（趾高气扬）

"哼，你也配。好吧，那熊猫是你对吧？赶快把你照相的钱拿出来，我们还等着补缺呢！"（班长恢复神采）

"啊？敢情不是免费照相啊，那就算了吧！"（一脸无奈地走开了，真是"聪明反被聪误"啊！）不用说，大家听到这番话，早就笑得前俯后仰，直不起腰来了。

后　　记

珺的夸张动作，健的机灵可爱……那一幕幕轻松搞笑的校园生活喜剧，每天都在我们周围上演着，带给我们无穷的欢乐与活力！

精彩课间

林　平

对于咱学生来说，课间十分钟可算得上是"自由天堂"，没有老师的管教，没有课堂上的约束，完全是属于我们自己的个性时间。纵观课下，班上共有五大派别，趁着这点儿难得的时光各自活动着。

一、公务派

此派别以组长和课代表居多，常常是公务缠身，被"逼"无奈，收、查、讨、送、发作业，忙得不可开交，往往这十分钟的大好光阴就这样被耗去了。尤其是数学和英语课代表，老师的办公室在四楼不说，还在对面的教学楼上，中间少说也隔了个八十米，天天都做着"健身运动"，常常是跑得气喘吁吁，"踩点"进教室。偏偏就又有些得了"健忘症"的人，使得他们一项作业跑个两三趟，运动量可想而知。不容易，真是不容易啊！所以说，咱们的组长和课代表还是很有"无私奉献"的精神的，此乃"运动的活力"。

二、闲聊派

此派常见得很，均匀分布在教室的各个角落，但要数正中央前三排的位置最"兴旺"。常常是某君闲来无事（要不咋叫"闲"聊派呢），随便谈起个话题，马上，前后座位，左邻右舍呼啦啦全凑在一起七拉八扯去了，偶尔不知谁说了个经典笑话，使得一群人笑得疯疯癫癫的，而且是一个接一个，个个都笑得直不起腰来。他们纯属是"自娱自乐"，而旁人却常常是看得莫名其妙，还以为他们在开"小型茶话会"呢。

三、疯狂派

说疯狂派，可一点儿也不夸张。此派清一色全是男生，喜好三三两两地聚在一起，玩起很流行的"拍手"游戏（汗……），什么"运气运气运气"，口号喊得惊天动地，巴掌拍得噼里啪啦，横竖一阵

"乱舞"，偶尔激动起来，双方的脸都涨得通红的，仿佛在使尽全身的劲儿去击掌，肩膀也随着拍子的节奏一起一伏。慢慢地，越拍越快，越拍越快，到最后，看得人眼花缭乱，大气都不敢出一声，这时，双方各使出一计绝招，一招制胜，这才结束了游戏。那场景，嗬！疯呀！

四、游走派

此派人物均有一个共同特点："坐不住板凳，待不住教室。"一下课，管他外面刮风下雨还是打雷下雪，只要下课铃响了，立马条件反射般离开座位，好像那凳子一到下课时间就生出了几个大钉子，叫人坐不安稳，非要出去转悠几圈，要么到走廊去"散散步"。反正，离开了座位，怎么着心情都爽。有时老师拖堂，往后面一瞧：呵！他们早就按捺不住急切的心情，以前弓腰的姿势，一脚踏出座位，随时等待着老师的一声"下课"，然后飞奔出去。这莫非就是传说中的"自由为上"？

五、认真派

顾名思义，认真派，果然都是认真的好学生呢。连短短的十分钟都利用的一秒不剩，通常他们都有超强的"过滤系统"，根本不管身边的"闲聊一族"怎么笑，他们甚至连眼睛都不眨一下，头也不抬，只有手中的笔在"刷刷刷"不停地写着，简直到了"忘我"的境界，真是叫人佩服。我的前座超就是一典型例子，常常看见他一动不动地坐在那儿，仿佛周围的一切都不存在似的，这也难怪，他本身就是一个可以不被打扰不受干涉的"安静地带"。游走派结束他们的"步行"，疯狂派也恢复正常，公务派不再忙碌，闲聊派也不笑不闹了，这时候，通常他们的课堂作业已经做完了。

五个个性鲜明多姿多彩的镜头，安静与热闹相融合，悠闲与忙碌相融合，认真与疯狂相融合，这个属于我们的课间，无限精彩！

噢！原来是这样

詹 懿

五年级时，徐老师曾开展过一次活动，活动的内容就是"和两个鸡蛋过一天"。乍一看，我急了，后脑勺摸不到底，徐老师笑着对我们说："这是一次活动，一次重要的活动，就是回家拿两个鸡蛋，把它们放在口袋里，看过了一天后，鸡蛋是否……"小胖子张磊抢着回答说："那不得了，肯定屁股开了个'鸡蛋花'！"同学们都笑了。老师敲了敲桌子，又回到肃静中……

刚回家，我就兴高采烈地跑到了大院里，扯着嗓子喊："哎，快下来哟，我们玩游戏啰！"倩倩哆哆嗦嗦地探出了脑袋，又望了望房门，嘀咕了一下："什么游戏呀，好不好玩？我妈妈在家，不知行不行？"我兴奋地说："空降鸡蛋怎么样？"这时大院子里的小朋友们全部跑了出来，有的说："空降鸡蛋，怎么可能，妈妈说鸡蛋一碰就碎了，怎么还能从空中扔下来呢？"有的说："就是，就是，那不就是睁眼说大话吗？"有的说："……"

我不服气地顶了回去："下午两点，我就做给你们看！"大家都不相信我，我就不信有什么事能难得到我。

回到了家，我就拿起了一个大鸡蛋，深情地望着它，说："鸡蛋呀，鸡蛋呀，你该怎么样才不会碎呀？"看到旁边的一件棉大袍，嘿，这下事可是有着落了啊！

下午两点，我站在二楼阳台上，大院子里的小朋友都来了。我咽了一下口水，在众目睽睽之下，轻轻地松开了手。顿时，一朵白色的"莲花"出现在我们的面前，它是那样安详，不怕任何困难似的轻轻躺在了地上。我急忙跑下楼，拿起了"小型降落伞"，拨开了厚厚的棉花和一个弹簧，嘿，一个黄色的小宝宝甜甜地睡在里面，我高兴地大喊："我成功了，我，我成功了……"我把制作的原理告诉了小朋友们，他们异口同声地说："噢，原来是这样！"

联欢"三部曲"

陈　哲

013

　　我们渴望成功的结果，但沿途的风景也是我们所渴望的。

——题记

盼　联　欢

刚接到学校"今年办联欢会"的"圣旨"，全班便像油汤一样炸开了锅，难得在考试之前放松放松，"联欢"就是一朵诱人的花，让人能久久沉醉其中。不知何时小黑板上也蹦出了"联欢倒计时：3天"的牌子，激动得我中饭也没吃好，下午刚迈进教室便发现教室摇身变成"新房"，各种彩带像柳条垂下，也不知有多少同学像在海洋球世界中一样，相互拍打着气球，他们脸上难得一见的笑容被微风过滤后，迎面扑开，让我感受到了"吹面全含欢乐风"那怡人的气息。盼望着，盼望着，黑板上只剩下"1"了，联欢的脚步近了。

悲 联 欢

也不知如何度过了那一天，下午终于开始了，教室里多了一个"大个头"——播放机。可天公不作美，早已准备好的"联欢程序"却因为本班无人会弄音响与播放器而报废了，时间一分一秒地过去，大家全拥在那个"我自永远不放"的音响那儿。天啊！难道我夙夜都盼望的联欢就会这样被毁掉吗？天空来了一朵乌云，便暗下来了。我望着屋顶的气球，轻轻吟唱："我是一朵雨做的云，一朵雨做的云，云在风里伤透了心……"

014

感 联 欢

我记得广告中有这样一句话："人生就像一场旅行，不必在乎目的地，在乎的是沿途的风景与欣赏风景的心情。"也许这次联欢，就像广告中说的那"人生"二字吧！

结 语

也许我们渴望那一弯彩虹，但我们更渴望那一次旅行的风景与心情，联欢准备时，我们全班同学在一起度过、笑过、盼过。我们所渴盼的不是联欢，而是过联欢时的心情啊！

老虎选大臣（一）

蔡凌寒

一天，老虎国王觉得身边缺一位聪明能干的大臣，就想在动物们当中选一位大臣。

第二天，老虎国王的一个贴身侍卫贴出了一张告示，上面写着："国王要在动物们当中选一位当他的大臣，要参加的请在十二天后，月亮湖旁集合。"

十二天后，老虎国王早早地来到月亮湖旁，看见许多动物已在那里等自己，很高兴。国王说："我现在宣布一下比赛规则，要想做大臣，就要通过四关，全通过的就可以做大臣。"

"第一关是智慧关，一共两小题，请听题：森林里的居民们，有一个穿着金色衣服的人，打一成语。"国王说。动物们在下面思考起来，大象第一个回答："回大王，是金人。""不对，我说的是成语，不是词语！"蜘蛛想，这里一定有什么玄机，人的单位是一名、一个、一位，穿金色衣服的，哈！我知道了："是一名金人（一鸣惊人）！"蜘蛛高兴地自言自语。这时，答案被旁边的毛毛虫给听到了，毛毛虫马上举了手，蜘蛛晚了一步，国王看见有人举手，很高兴，就问毛毛虫："答案是什么？"毛毛虫说："一鸣惊人。"国王一听，笑着说："恭喜你，答对了，好！第二题，一犬有四口，打一字。"毛毛虫想：一个犬，就是一条狗，口就等于嘴巴，怎么可能，这题一定错了！毛毛虫赶快把手举得高高的，国王一看，以为他又知道答案了，所以又高兴地问他："你知道答案？"毛毛虫说："不，我不知道答案，但是大王，您这道题说错了。"国王笑了笑，说："我没说错。"而蜘蛛却在一旁打草稿，打着打着就打出一个字，他一看，哈！我又知道了，马上举起手，国王又问："答案是什么？"蜘蛛说："题目说犬有四口，那是不可能的，可如果把四个口加在犬的四周，就变成了一个'器'字呀！"国王一听说："不错，不错，这一关只有毛毛虫和蜘蛛过关了，所以，他们俩直接进入第三关，在后天进行。没有答对的人，就进入第二关——复活关吧！明天在这儿进行第二关。"毛毛虫看到有人跟他争大臣，就在一旁悄悄地说："等着瞧吧！"

016

老虎选大臣（二）

蔡凌寒

　　第二天，没有答对的选手留到了复活关。国王说："这个比赛只准两个人晋级，好！我也不多说了，开始出题，这是我大哥狮子国王的一个烦恼。那里有十个大臣，每月收缴黄金一千两，铸成十两一块的金砖，送给国王。问题是：十箱金砖摆在狮子面前，每箱一百块，但有一个大臣投机取巧，在铸金砖时，每块金砖分量不足，少了一钱，可也不知道是谁贪赃枉法，所以就请一些专家想想办法，有人拿来一杆秤来比较，可是都差不多，然后，又有人用手来感觉，也差不了多少。后来，他们用了更多的办法，可还是都没有用，所以就请我来帮忙，现在我就请你们来帮帮狮子国王吧！"

不一会儿，长颈鹿举起了手，说："把所有的黄金铸成一钱一个的，不就可以了嘛！"国王说："这也可以，就是太麻烦了，还有更好的吗？"长颈鹿摇了摇头。又过了一会儿，蚯蚓举起手说："在第一个大臣的箱子里拿出一块金砖，第二个大臣拿出两块，就这样，第几个大臣，就拿出几块黄金，再把这五十五块黄金称一称，如果不少的话，应该是五百五十钱，少几钱，就是第几位大臣！"国王听了赞不绝口，马上叫人飞鸽传书给狮子国王，到了中午，狮子国也飞鸽传书，说："这主意太棒了，我马上就知道了是哪位大臣了，太感谢你了，二弟。"老虎看了很高兴，说："这个比赛只有长颈鹿和蚯蚓答对了题，只有他们俩晋级到第三关，剩下的人淘汰出局！"

老虎选大臣（三）

蔡凌寒

第三天，毛毛虫、蚯蚓、蜘蛛和长颈鹿早早地来到那里，国王说："你们能闯过这一关，很不错，但要继续加油呀！这一关考验你们的诚实，我问你们，都喜欢什么？"毛毛虫说："我喜欢金币。"蚯蚓说："我喜欢钻石。"蜘蛛说："我喜欢丝绸。"长颈鹿说："我喜欢新鲜的树叶。"国王就叫随从一一按照他们喜欢的东西去拿，然后摆放在他们面前。

毛毛虫一看到金币，眼睛就直发光，偷偷地拿了几个金币放在口袋里，过了一会儿，又拿了几枚，这情景被旁边的蜘蛛和长颈鹿看见了，蜘蛛看见了对毛毛虫说："这是比赛，别忘了！"可毛毛虫还是在拿金币，说："要你管！"长颈鹿看了想："他偷金币，我也吃几片叶子，反正国王也不知道，嗯，就这样。"一小时后，国王叫来一个侍卫来检查，首先是长颈鹿，他叫侍卫把鲜叶子放在秤上一称，少了几克，这时长颈鹿傻了，只好承认。然后是毛毛虫，他非常害怕，所以就把身上的金币装在了蜘蛛的口袋里，侍卫看到毛毛虫的口袋里没有一个金币，对他很满意。当检查蜘蛛的时候，看见他的口袋里有金币，侍卫想，蜘蛛喜欢丝绸，不可能拿金币，所以一定有人加害蜘蛛！侍卫想完，就检查蚯蚓，查完后，他马上把这事告诉了国王。国王说："嗯！说得有道理，那就由你来问他们。"

侍卫说："有人想陷害蜘蛛，国王让我来审理。"侍卫先把他们的指纹印在纸上，再把查到的那几枚金币拿了出来，用国王教他的方法，把金币上的指纹显现出来，并一一对照，结果发现金币上除留有毛毛虫的指纹外还留有其他人的指纹，为确保没有别人参与陷害，侍卫又拿出三颗药丸说："这三颗药丸是非常神奇的，人只要吃了它，就变得很诚实，你问他什么，他都会说实话的。"毛毛虫听了，直打哆嗦，想：天啊！这下我要被揭穿了，还是实话实说吧！他飞快举起手，对蜘蛛说："对不起，是我把金币放进了你的口袋，我再告诉你们一个事实，在第一关当中，我也作弊了，对不起，像我这种有嫉妒心的人是不可能当大臣的，谢谢你们能让我走到现在；谢谢。"蜘蛛说："没关系，我们交个朋友吧！"

国王看了这一幕，高兴地笑了，走过去对蜘蛛说："恭喜你，你虽渺小，但你的精神值得我们学习。我宣布，我的贴身大臣就是蜘蛛！"观看比赛的动物们在旁边欢呼着……

一粒米的自述

金　娜

　　春种秋收，我出生在一个金黄的季节，农民伯伯的汗水换来了成果。我们被加工成了一粒粒白白的米粒。我们都为自己即将开始的旅程感到兴奋和担心。

　　梦寐以求的一天终于来临了。我们被农民卖到了大城市。大城市可漂亮了，有楼房、有汽车，还有商店呢！我们在一个卖粮食的小店里住下来。"这一住不知道是多少时间啊！"我自言自语，"不过，我不知道接下来会发生什么有趣的事，好期待呀！"我陷入了幻想。

　　"喂，你在想什么呢，别做白日梦呀！我们最后可是要被吃掉的，难道你不感到恐惧吗？"一个兄弟问我。

　　"这有什么！"说完，我带着无限遐想在店里度过了第一个夜晚。

　　第二天清晨，商店早早地开了门，可客人却出奇地少，没有什么生意，把老板愁得呦，真是胃都上火了。

　　一天，二天，三天……一个星期都过去了。可我还在店里待着，我的心中不免有一丝失望。

　　"老板，有什么米好吃吗？"一位打扮时髦的太太走进了商店。

　　"哦，有有有，您看这种米怎么样？"老板捧着一把我旁边的米说。这下我可着急了，我巴不得能说话，告诉那位太太，我非常好吃，但却不能如愿以偿。

"多少钱一斤？"太太问。

"两块钱一斤，这是进口泰国大米。"老板回答。没想到，这里还有我的外国兄弟。

"太贵了，这种米多少钱？"太太用温暖的手捧起了我，把我激动得快要晕了过去，我可算找着主人了。紧挨着我的几个弟兄却不幸从太太的指缝间滑落到冰凉的水泥地面上，没人理睬。

"一块五毛钱一斤。"老板回答。我比外国兄弟便宜，廉价销售了，难怪有人买。

"给我来九十斤，谢谢。""一共是一百三十五元钱。"太太付了钱，我看见我那几个落难的弟兄正被老板扫进簸箕和地上的脏物一起，我还没来得及和他们打招呼，他们就被老板倒进了垃圾桶。我为他们的遭遇不平，可我又有什么法子呢，不知不觉中太太把我带回了家。

原来，这位太太家很有钱，但她却很小气，所以她买下了我。

"妈，我回来了！"一个小男孩回来了。他看着我，没说什么。

不一会儿，我就被送上了餐桌。"吃吧，儿子。"妈妈说。"哦。"小男孩吃了一会儿，就对她妈妈说："妈，我吃饱了，我不想再吃了。"他指着碗里的大半碗米饭说。"不行，那些饭一定要吃掉，不能浪费，快吃！""不嘛，我睡觉去了。"小男孩一意孤行。"唉，这孩子。"他妈妈在无奈之下，只好把剩下的饭连同我一起倒进了垃圾桶。

经过一番折腾，我来到了垃圾场，发现了许多同胞，他们和我一样，被人类抛弃了。这些人类真是太可恶了。总有一天他们会受到惩罚的。

"我们可真可怜———啊，救命啊——"我被一只猫叼走了，真是太可怕了，谁来救救我呀？

我和妈妈的约定

凌　娜

7月25日，妈妈跟我约定，只要我一个月不吃零食，她就给我买个芭比娃娃。

芭比娃娃，要得到你真不容易！约定的第一天，我习惯性地跟着妈妈去超市买东西。望着食品柜上诱人的零食，我真想流口水，但我还是忍住了。

第三天，妈妈硬拉着我跟她一起去超市买鸡蛋。看着那么多好吃的从我眼皮底下溜过去，我实在忍不住了，就想：不如讨好妈妈，也许她还能给我买些小零食呢！于是，我开始撒娇了："妈妈，妈妈……"我眯起眼睛对妈妈笑。"干什么啊？"妈妈问。"你看我，为了芭比娃娃都准备戒零食了，你能不能奖励……""不行！"妈妈态度坚决。听了这句话，我又难受又委屈，就气冲冲地问："为什么啊？""买零食也可以，但这些天的约定就得作废，重新开始。"什么？如果作废，我已经付出的努力不就白费了吗？这账怎么算都不划算，我只好满怀失望地走出了超市。

既然不能用爸爸妈妈的钱，那就花我自己的钱好了。第三次去超市的时候，我揣上了从存钱罐里取出的钱。可真要买零食的时候，我又犹豫了起来。这些钱可是我辛辛苦苦存下来的啊！如果就这么花了……望着那些让人嘴馋的食物，我艰难地收回了掏钱的手。

日子很快又过去了好几天，我天天都想：8月25日快点儿到吧，这是我切切期盼的日子。遵守约定还真不是一件容易的事啊！遵守妈妈和我的约定，虽然让我难熬，但我也熬出一个道理：那就是——要讲诚实，讲信用。

找　钱

刘　冰

那天，我正在面馆吃面，突然，一个声音吸引了大家："嘿，你还没找我钱呢！"

那是一位上了年纪的老爷爷，冲着服务员叫喊。

一位年轻的服务员走来，对老爷爷说："钱已经找给您了，我们在给顾客小票的同时会将零钱找给顾客的。您看您的小票在您手里，我已经找给您三十元了。"

老爷爷翻了翻钱包，里面果然有一张小票和三张十元纸币。可他仍坚持说："我手上有一张五十元和三张十元，这碗面是二十元，我给了你五十，你没把那三十元找给我，我这三十元是我自己的。"我听着这绕口令一般的话语，不免有点头晕。服务员还想辩解，一位穿着制服的领班走了过来，拿出三十块钱，对老爷爷说道："老爷爷，不管怎么样，我们都把这三十元找给您。"老爷爷接过钱，嘟囔着走了。

那年轻的服务员不解地问领班："我明明把钱找给他了，你为什么还要再给他呢？"领班笑道："这位老爷爷经常来这儿吃饭，虽然我们交流不多，但是我对他很了解，他就像我的爷爷一样，很善良，不是那种讹钱的人。老人年纪大了，可能记忆力不好，我宁愿自己吃点亏，也不能让老爷爷扫兴啊。"

就在我准备起身离开的时候，那老爷爷又回来了，红着脸，不好意思地对领班说："实在抱歉，我刚刚想起来了，我那三十元钱昨晚买了牛奶，这三十块钱你们的确已经找给我了。我不能再要你们三十元。"领班接过三十元钱，和颜悦色地说："没关系，您记起来就好。欢迎下次再来！"

此刻，周围玩手机的人都抬起了头，对这位领班投去了赞许的目光。

默写的前夜

束承霏

明天就要默写范成大的古诗《四时田园杂兴》了，小敏到现在还不会背诵，晚上无论如何要把它默写出来。

"昼出耘田夜绩麻"，小敏朗读了第一句。多难写的字！光会背诵还不行，明天是默写。抄一遍胜过读七遍，先抄写几遍吧。她在白纸上抄了两行，不整齐。写在横线纸上就整齐了。小敏看了一眼闹钟，现在是晚上七点，今晚背诵古诗的时间充足，那就先画几张横线纸吧。她先用钢笔在白纸上画线，发现有"毛边"；又想用圆珠笔划线。为了找到圆珠笔，她找遍房间的角角落落，最终在书橱最底层的迪士尼文具盒里找到了。

小敏像绣花一样用圆珠笔在白纸上画横线，画了三行，每一行的间距不一样，难看极了！要做就必须做到最好，这是老师经常教导大家的。小敏再次拿出一张白纸，先测量了白纸的长和宽，再精确地计算了白纸可以划分几行，每行几厘米，还用铅笔先对每行的起始点做好记号。小敏屏住呼吸、忘我地在白纸上画着横线，终于完美的"小敏造"横线纸横空出世了。

总算将古诗抄了一遍，果然整齐漂亮！小敏感到手臂好酸啊，眼皮也开始打架了。小敏抬头看了一眼闹钟，啊，已经九点半了，时间哪去了？这么快就到睡觉的时间了，难怪眼皮累得都睁不开了呢。小敏真的想背书，躺在床上，她又拿起课本读了两遍古诗，眼睛就眯成一条线了，不知不觉地进入了梦乡。

梦里，她默出了古诗。

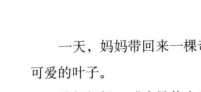

移　　植

李小菲

一天，妈妈带回来一棵奇异的幼苗：一根娇嫩的根茎上张开两瓣可爱的叶子。

我问妈妈："这是什么呀？这么好看！"

妈妈笑了笑说："它是向日葵幼苗，今天我们一起来移植它吧，把它种到花盆中。"

妈妈说："移植向日葵幼苗得用指尖夹住茎部，千万不要伤害茎部。"

这有什么难的！我立马撸起了袖子，竖起了两根手指，将茎部夹起，可是茎部实在太脆弱，我仿佛听到了骨折的声音，吓得我轻轻地放下了幼苗。

妈妈说："不要太急，也不要太用力，小心点，再试一次吧！"

我小心翼翼地伸出手，夹起了茎部，轻手轻脚地将幼苗放入花盆中。原来移植幼苗也需要爱心呵护啊！

妈妈说："移植后，第一次浇水称为定根水，定根水必须浇足浇透，因为花盘里的土壤有空隙，只有将水浇透后，土壤与幼苗的根茎才能充分结合。幼苗才会有温暖的家哦！"

妈妈给幼苗浇了定根水，浇好定根水后，妈妈让我将花盆放到阳台上去，接受阳光的照射。

妈妈让我负责照顾这棵幼苗，定期给幼苗浇水。小幼苗开始了安静的生长。过了段时间，我发现了幼苗的叶子是两片两片生长的，成长的速度非常快呢！

我和妈妈共同努力，成功移植了这株向日葵幼苗。从此，这株幼苗就在我的记忆里生根发芽了：它逐渐成长，逐渐强大，它的植株顶端开始现花蕾，花蕾也逐渐膨胀，终于在植株顶端绽放了，一面有几十个黄色的小花瓣围着花盆，花盆中是密密麻麻的金灿灿的花蕊！我想这金灿灿、密密麻麻的花蕊，也一定把我们所有的呵护移植在里面，不然，为什么每一朵花蕊都那么光芒万丈呢！

彼地无尘

夏弘毅

老K打电话给我，他的声音很沉，像水，像一潭死水，像一潭结了冰的死水。"乔伊，她走了。"出乎意料，我既没有歇斯底里地哭泣，也没有伤心的呜咽。"噢。"我答道，没有忙音，大家都在沉默。

乔伊是个爱干净的女孩，她总是把一切都弄得很好，每天做值日，她是最积极的人。这样，我和老K就认识了她，因为我俩总是逃避值日。还记得乔伊刚来那会儿，老班总是平静地说："她叫乔伊，身体不是很好。"她站在老班身后像一片即化的雪花。

然而几天后，乔伊的生日，我却勉强才算正式认识她。她家似乎很有钱，生日那会儿，全班都到她家的别墅里作客，让我们一度猜疑她爸到底是做什么的。她忙里忙外，像一个快乐的精灵，穿梭在花丛之间，可当我上卫生间时，我才发现伊的母亲却在卫生间里低低的呜咽，她分明是不愿让人听见，声音压得很低。乔伊家的别墅很大，而且一尘不染，让我甚至怀疑这一家人有洁癖。

第二天，我回到教室，拉出老K，告诉了他乔伊母亲哭泣的事，我只知道老K与乔伊有很深的关系，但我一直不知道更多的。老K沉默了一会，缓缓地说道："乔伊不是有洁癖，而是因为她患有肺结

核，任何的细菌都受不了。"我难以置信地看了眼伊，她的新书桌，她的新包，还有四周干净的地面。"你怎么知道？""因为我是她哥哥。"老K的话很沉，沉得让人透不过气来。

我终于相信了老K的话，自从乔伊入我们班后，我们增设了一个铁皮垃圾箱，而且扫地也由一天一扫改为一天二扫，我更是不时看见她呼吸急促，脸色苍白。

我再也没有逃过值日，我甚至总是去值日，然而，这一天终究来了，我一直知道她的身体很脆弱，但也一直希望我的劳动，可以让她更长久地活着，老K告诉我："她之前一直住院，是她自己要回校，其实都一样……"

电话那头出现了忙音，我关上了电话。看着渺茫的天际，乔伊，天堂好吗？那里不会再在有灰尘了是吧！一滴透明的液在从我眼眶里淌出，打碎了金黄的地板。

也许，彼岸无尘吧！

一路阳光

叶　桐

作为一个女人，她却不得不担起家中的一切事务，常常独守空房，只因她嫁的是个警察，常年奔波在外，实在无暇顾及家。累一点，苦一点，她无奈却从无抱怨，这是她自己选择的生活。

直到女人怀孕，要去医院检查。这一次，她要他早早做了承诺，陪自己一起去，可是临时案件来了，他不得不走，看出她心里的不满，临走前他轻轻拥抱了她，说："这个拥抱会让你一天都感到被关爱的幸福。"女人心里不相信，却还是含泪笑了。

然而这一天，世界仿佛都变了，女人走在路上，人人都对她点头微笑，上了公交车，人们争着给她让座。到了医院，检查的女医生对她关怀备至。这真是美好的一天，女人心里感到高兴，那个拥抱真的是有魔法的。

其实秘密全在她衣服背后的那张纸条上："我是一个警察，因工作无暇照顾我怀孕的妻子，如果看到她，请多多关照。"

这是一个令人感动的故事，不仅仅是因为那张在拥抱时贴上去的纸条，更多的感动则源于那些看到纸条的陌生人。他们没有对纸条视而不见，而是用一个微笑，一声关心，一点点照顾，传递了爱，成全了爱，他们的一点点付出，撒满了一路阳光，温暖了一颗心。

曾经看过一个独特的乞丐，是一个小女孩，父母双亡了，她跪在地上乞讨，不同于那些可悲的乞丐，她一直挺着身躯，保持微笑，当陌生人好心地施舍给她钱，她就回以一个甜甜的微笑，说一声"谢谢"，而不是装出一脸的悲怜，给人磕头。我想她是一个懂得感恩的女孩，别人给她帮助，她只能倾其所有回报一个微笑，虽然只是一个微笑，却能给予那些好心人一份好心情，那一声"谢谢"就足以让那些好心人体会到帮助别人的快乐，比起那"悲怜"的磕头，这样的微笑其实更能让别人感到阳光的温暖。

你可曾接受过陌生人的一个微笑？你可曾享受过陌生人的一次让座？跌倒时你可曾被陌生人扶起？迷路时你可曾被陌生人帮助？这一点一滴都是一份份温暖的阳光，让人享受到这冷漠世界其实还有很多的温暖啊！

成长道路上，一路走来，一路阳光。

心中的歌

苏　群

儿时的荣誉

儿时的我，对音乐有着一种特殊的情结。由于儿时对歌曲有着这样一种敏感，我唱的歌都比别人好听，发音比别人要准得多。因此，我一直都受老师的表扬。校内每届歌唱比赛，领奖台上总有我的身影。家里来了客人，爸爸也总叫上我，让我为客人亮一亮嗓子，总能得到客人满口的称赞。同学们也总能在元旦联欢会上听到我的歌声……

儿时的我，因为歌获得了许多荣誉，也因为荣誉而更加自信，敢于大胆地为他人亮一亮嗓子。

内心的转变

儿时渐渐远去，我不再唱幼稚的儿歌了，学会了流行歌曲。而且唱得也还不错。但是，原来自信的我不再自信，反而有些犹犹豫豫的了。

如今的班级内，因受流行歌曲与各类选秀节目影响。要唱只能唱流行歌目，你要唱一首儿歌，不把别人大牙笑掉那才怪呢！而且一唱过后，成，则功成名就；败，则身败名裂。一首歌决定着自己的"光辉形象"，因而不可轻率。于是，我总是在歌将要出口的时候，又咽了下去。

想 唱 就 唱

"想唱就唱，要唱得响亮……"想起了安又琪的《想唱就唱》。我也想唱，可又缺乏勇气。于是，我的歌也只能窝在被子中低声吟唱。但是，心中总是希望，能够在有朝一日，将沉闷许久的歌声如火山爆发，滚滚而出，并受到他人崇拜与赞扬……

心中的歌，无时无刻不在向我倾诉："唱吧，唱吧！"是的，我要唱，我要越唱越响，越唱越强！我要让他人认同我的存在！我期盼能有一次机会，让我唱出来，大胆地唱出来。

将 来 的 歌

我期盼，将来有一天，那个在世界级的音乐领奖台上站着的人是我！

牵　挂

江文婷

　　"一种相思，两处闲愁，此情无计可消除，才下眉头，却上心头。"相思也是一种浪漫的牵挂吧！牵挂一定很深，要不然哪来的"才下眉头，却上心头"呢？牵挂是什么？我问自己。是一种带有玫瑰般色彩的相思？是一种纯洁的若百合的思绪？还是一种朴实无华如茉莉的淡然？

　　我小时候总喜欢瞎操心，我认为那是一种朦朦胧胧的牵挂。妈妈有时出差，我就喜欢趴在桌子上，歪着脑袋想：妈妈不会出什么事吧？我们现在如此幸福，上帝老天爷不会是羡慕我们，要拆散我们了吧？对妈妈很是担心，很是牵挂，脑子里乱乱的，毫无章法。以后的日子，每当妈妈出差，我总喜欢找一个亮晶晶的玻璃球，许下愿望，让妈妈平安回来，再把球放进妈妈包中。如此下来，我的牵挂便随着妈妈一起走向每个地方，如今看来总觉得这未免太过于幼稚，但小时候对妈妈的挂念绝对是不容忽视的。

　　妈妈说我属狗，就喜欢瞎操心，谁知，如此便是淡淡的牵挂。

　　一次，在班上值日时间长了，天黑得很快，我与朋友因道不同，所以各自回家。我回到家一直牵挂着她，因为她家很远，地方又偏僻。真的挺担心的。吃晚饭时，总是心中不踏实。最后，我打个电话到她家，她笑了，说你怎么这般操心呢？我默然，殊不知这疑心的本来面貌叫作牵挂。

牵挂着他人，心中有着他人，我们如此做了，人家便也来牵挂着你。

参加夏令营那年，一个人随着同学们到合肥，很苦。当有些同学的父母来看他们时，我心里很难受。那天晚上，打了个电话回去，父母一接电话就询问我的情况。我当时哭了，把别人家长来的事告诉了他们。他们安慰我，又说家里忙，就不来了，我揉揉眼说："好。"第三天爸爸却来了，他说："我们担心你。"我笑了，牵挂是一个很好的东西吧！

牵挂是一个清脆的风铃，它给人温暖，给人快乐，给人美好。只要心中有他人，就如同碰到了中间的那根绳，你会尽享到美妙的声音。

032

有一种美丽

　　友谊的力量是无穷的，友谊的瞬间是美丽的。啊！美丽的瞬间，友谊的瞬间！还有亲情、师爱、合作、无私这些，相信我不用说了，同学们都明白，在读的你也可能经历过这样的瞬间。其实，生活的瞬间都是美丽的瞬间！

美的情意

赵 宇

有时一个表情，一个举动，一个瞬间，也许可以免掉许多不该发生的事情。

——题记

镜 头 一

一所学校的一间普通的教室里，老师正在宣布下课。一时间人声鼎沸，好不热闹。正当这和谐的"下课交响曲"进行时，一个音符蹦出打乱了这乐章——"啪"的一声，不知谁的文具盒被别人碰掉了。文具盒的主人立刻为文具盒鸣不平，并和碰到文具盒的男生争起来。本是一件小事，说着说着，两人便吵起来了，文具盒仍在地上躺着，许多同学都被引来了，有的替文具盒的主人鸣不平："明明是你碰掉的，你就捡！"那边也不甘示弱："你要让我捡，我偏不捡！"你瞧瞧，一件事闹到上课也不歇，两人都趁老师转身在黑板写字时，气鼓鼓地互相瞪一眼，做个鬼脸。下课了，两人又要继续战争吗？最后，那个男生自觉理亏，捡起了文具盒，又回头对那女生一笑："嘿嘿，我不是故意的。"那女生还能说什么？摆摆手："算了！"一件事，从芝麻粒大发展到了"波黑战争"，又因为一个举动，一个笑脸而停息了。而在这一瞬间中，从男孩子的笑脸上看出他真不是故意的。所以常说嘛，那一瞬间，或许可以改变一切。

镜 头 二

傍晚5点半快到了，正值车辆高峰。大街上人来人往，车水马龙，好不热闹。交警正顶着烈日指挥着车辆安全通行。

这时一辆红色电动车驶来，车上坐着一位妇女，坐垫上还有一个小女孩儿，看样子是妇女的女儿，女孩儿手里还拿着一个娃娃。电动车要驶过交警台了，突然小女孩儿手一扬，可能是想跟交警叔叔打个招呼，娃娃掉了，急得小女孩儿大叫："叔叔，救救我的娃娃！"笑话！这正值一个高峰期，谁会为一个娃娃而暂停住车流？但交警一个手势打过，车流急停，时间仿佛定住，交警跳下交警台，捡，不是，是抱起娃娃，走到妇女的跟前，"啪"敬了个礼，"请照顾好你的女儿！"又走到女孩面前，又敬了个礼，说："请照顾好你的娃娃！"回到交警台让时间重新流动，车流再次奔腾。

只为了一个娃娃，便打了手势将车流停下，我想在那个女孩儿眼里，交警叔叔的那个手势会永远留在她心中，只作为一个举动，一个瞬间，也就够了。

一个瞬间，一个举动，却能反映出人世间多么美好的情意！多么令人回味，心动的美！

有一种美丽

苏华明

生活中有许多美丽的瞬间，细心人的眼睛能捕捉到了无数的瞬间，而粗心的眼睛则遗失了一次又一次美丽的瞬间。

美丽的瞬间，我就发现过不少。

036

镜头一：爱的瞬间

临近期中考试，不仅仅是孩子着急，家长也着急，每天晚上，无不埋头苦干，伏案而睡。

这天晚上，由于早晨起得早，学习又学到了这么晚，我的眼皮不禁打起架来。于是，欣欣然，睡着了。

蒙眬中，一件东西落在我的肩上，一股暖流流过我的身体，猛地一惊，回头一看是母亲："妈，你怎么这么晚还不睡觉！""妈看你天天晚上学到十多点，怕你累坏了身子……妈看你睡着了，衣服穿得又少，怕你着凉了，就拿上衣服要盖在你身上，没想到把你弄醒了。""不要紧，来，妈，帮我穿上！"

母亲，你那如春天阳光般的爱让我体会到了爱的温暖。啊！美丽的瞬间，爱的瞬间！

镜头二：友情的瞬间

那是一次悲伤的下午，我平生头一次考了八十几分，哭，泪水淹没不了我的伤心，笑，这种场景怎能让我微笑？

瑞来了，看见了我的泪水，问："苏华明，你怎么了！"我没有回答，仍是低着头默默地落泪。"明，站起来，别哭了，你是一名班长，一次的失败就把你弄成这样？"当他发现这些话对我无动于衷时，就说了一则笑话："昨天，我看见了一个傻子，我问他家在哪儿，他说不知道，我又问他姓什么，他也说不知道，我问他父母工作是什么，他也说不知道，你知不知道？"我深知含义，立即破涕为笑，反问道："你知不知道？"一分钟后，楼道上又传来了开朗的笑声！

友谊的力量是无穷的，友谊的瞬间是美丽的，啊！美丽的瞬间，友谊的瞬间！还有亲情、师爱、合作、无私这些，相信我不用说了，同学们都明白，在读的你也可能经历过这样的瞬间。其实，生活的瞬间都是美丽的瞬间！

美丽的瞬间

邢 棋

花儿的美不是开放过后的鲜艳，而是绽放时那一瞬间的升华。

瀑布的美不是震耳欲聋的气势，而是飞流直下那一瞬间的勇气。

白云的美不是自由自在的飘逸，而是化成雨露那一瞬间的无私。

人美不如景美，景美不如心灵美，只有纯净的心灵所展现出的高尚的光芒才是最美的瞬间。

那 只 手

大街上车水马龙，人来人往，空气仿佛都带着一层灰，有着难言的浮躁。就是这样一个不起眼的瓶子安静地躺在路旁，却引起了我的注意。我产生了捡起它的念头，可不知为什么，当我走到它身旁，却又犹豫了。就在我思维呆滞的时候，一只手忽地捡起那个瓶子，几乎是顺手拿的，那么自然，不留一丝痕迹，只是一个影子晃过罢了。再回过神来，地上的瓶子已经不见了。一切像不曾发生一样，但那只手却清晰地留在了我的脑海里。

那一瞬间，我看见了美的闪现，却也生起了深深的后悔与惭愧。

那 句 话

新班级竞选班干部会上，我的心总是忐忑不安地跳着，才开始的勇气与信心似乎也一点点地消去。就在我微微颤抖的腿即将跨上讲台时，一个声音响亮地传了过来，一个字一个字真真切切地输入我的心灵："加油！加油！"我觉得在一瞬间，有种被阳光照耀的感觉，温暖如春，心里因担心而累积成的冰山也在一点一点慢慢融化。刹那间，我感到被朋友关怀是一件多么美妙而幸福的事，有种感动，竟已悄悄遍了我的全身，也抚平了我波动不安的心绪。没有什么，是比这句话更动听的声音了，也没有什么，是比当我听到这句话的瞬间更让我感动与铭记的了。

在那天，我明白了，原来心灵的关怀也是一种美，一种温暖得叫人难忘的美。

瞬间的鼓励

苏　菲

相信每个人都有不自信的时候吧！那么这时我们最需要的是什么呢？对了，往往就是那一瞬间的鼓励！虽只是一瞬间，却能激起你的自信；虽只是一瞬间，却能帮你赢得胜利；虽只是一瞬间，却能让你握住机会！那一瞬间的鼓励，给予你的却不仅仅是鼓励，也许是成功，也许是自信，也许还是机遇。

我记得很清楚，六年级的时候，我终于获得了参加英语演讲比赛的机会。因为是小学的最后一次机会了，我告诉自己一定要把握住。我在家里积极地准备着，还特地让英语老师录了磁带，每天晚上在家背。我告诉自己去就要拿个名次，给班级争光。

好几天过去了，我已经准备得很充分了，终于迎来了比赛。在台下，我和来观看的好朋友曼坐在一起。三四五年级的选手们都已经讲完了，到了六年级组了，一个一个地快要接近我了，我开始紧张了，手心里直冒冷汗，坐立不安，心里仿佛有一百个小兔子在怦怦直跳。曼也感觉到了我的紧张，她握着我的手，紧紧地握着，小声在我耳边说了一句："你是最棒的！"那一瞬间，我听到不仅仅是曼的鼓励，还听到了我们的友谊之心在跳动。我看着曼，仿佛那紧张已被她的一

有一种美丽

句话给赶走了，我一下子放松下来，心里想：有付出就一定会有回报，我努力了这么久，一定不会失败的。

到我了，我心里装着曼的鼓励，从容地走上了演讲台，流利地讲了起来。我看着台下，仿佛一下子，全场就只剩下曼一个人了，她微笑着用目光默默地鼓励着我。我投入进了故事中，不去管评委，讲得更加流利了。不知不觉我已经讲到了结尾，最后下台的时候，我说了一句"Thank you very much"。我心中也说了同样的话，但那是说给曼的，真的感谢她那瞬间的鼓励给了我自信！

几天后，结果出来了，我获得了三等奖。我和曼高兴得又蹦又跳。我感谢老师，感谢同学，但是最需要感谢的应该是曼，没有她那瞬间的鼓励，也许我并不能获得成功，是曼那瞬间的鼓励，引我走向了成功。不知道曼心里是否记住了那句鼓励的话？也许对她来说，那句话没什么，只是对好朋友的一句鼓励。可是那一瞬间她所给我的鼓励，我一定会牢牢记在心中，永远……

瞬间的鼓励，带给我的不仅仅是鼓励！

爱在心中口能开

——别让沟通阻碍亲情

宛博明

"我为你射下暴烈的太阳；我为你采撷清冷的月光；我为你抛洒

一生的心血；我为你舞出最美的季节。我愿让冬雪消融在肩上，不让它沾湿你新潮的衣裳；我愿让秋叶留下皱纹在额头，不让它将你的童真逝去。爱你，所以一切为你。"这是我老爸在我小时候写给我的，以前看不懂，现在倒是懂了，很想去夸他几句，不过看一看他在书房备课佝偻的背影，还是算了吧……跟那个没感情的机器人实在没什么好说的。

从五年级开始，他变了。当然，我也变了。他不再像以前一样星期天陪我出去打球，而是待在家里监督我学习；他不再像以前一样生日送给我小说、散文，而是捧上复习资料、习题。而我呢，只好无声地抗议，见着面，不到必要死也不说话。妈妈总是很努力地调节着我俩的气氛，可总是无功而返。我知道，书上说这叫——代沟。

书上还说，只要架起沟通的桥梁，一切都可迎刃而解，沟通是理解的源泉嘛。说起来倒容易，可是你叫我和没感情的机器人怎么沟通？

当然我确定我是很爱老爸的，相信老爸也同样爱我，有首歌这么唱道："不是不爱，可是爱在心中口难开……"

早上，我把一张语文卷子放到老爸书桌上，挤出两个字："签名。"他抬头望了我一眼，也挤出几个字："在哪儿？"仿佛多说一个字会要了人命似的。"那儿。"我用手指了指，他很快地写上了名字，没有再多看一眼，可是九十二分是全班第一呢！不过我也习以为常了，他从来都这样。

上午放学，同伴神秘地问我："今天什么日子？"我不懂，问："是你生日？""笨蛋！是父亲节？你不买点礼物？"礼物？想了想，还是去了趟礼品店，买了条颇为漂亮的皮带，同时不无自嘲地想："估计下回他能用这家伙来抽我吧……"

回到家，把皮带交给他说："父亲节的礼物。"他似乎愣了一下，然后收下了，他出奇地没有叫我走，而是说："陪我坐一会儿吧。"我便坐了下来，眼眶热热的，看了看他，他眼睛红了，见我盯着他，连忙手足无措地说："你盯着我做什么？""呵呵，你不也盯着我？"我笑着回答说，这一刹那，我发现我的父亲并不讨厌，相反，倒是挺可爱……

考试风波（小话剧）

张波涛

（小天这次考试，成绩又退步了。班主任找来小天的妈妈谈话。）

（幕启）小天妈上。

小天妈（满面笑容）：呵，老师，你叫我来有什么事吗？

老师（焦急忧虑）：咳咳，是这样的。你家小天这次考试成绩又退步了，我担心这样下去，他的成绩会越来越差，以后就很难再上升了。

小天妈（十分生气）：什么？又下降了！你说这孩子！老师，你放心，我这就回去教训他！

老师（望着小天妈离去的背影）：唉……

（小天妈越想越气，急匆匆地赶回家。）

小天妈（把包往桌上重重一扔）：小天，你给我出来！

小天（戴着眼镜低着头，从书房走出来）：妈妈，您喊我什么事？

小天妈（满面怒容）：哼！你还好意思问我什么事？你说，这次的考试怎么又没考好？你以前成绩不蛮好的嘛！现在是不是不听课了，只知道玩啊？

小天（很委屈）：不是的妈妈……

小天妈（伸手给了小天一个"板栗"）：还敢说不是？去！到书房去给我好好反思，等想好了，想明白了，再出来跟我说！

小天（摸摸被打的头）：是，妈妈。

（小天在书房想了半天，决定要和妈妈好好说说心里话。这时，爸爸和妈妈推门进来了。）

小天妈（气仍没消）：小天，你爸正好回来了。现在，你给我们好好说说到底怎么回事，成绩怎么直往下掉？

小天（支吾了半天）：我不敢说……

小天爸（拦住正要发火的小天妈）：小天，别怕，你就说说你心里是怎么想的吧？

小天（眼睛红了，望着爸妈流下了眼泪）：爸，妈，对不起。我知道这次没考好是我不对，但是……（哽咽）

小天妈（不高兴）：但是什么？

小天（推了推眼镜）：但是妈妈，您知道我的成绩为什么一降再降吗？是因为您所给我的压力！

记得小学时，我的成绩一直很好，您为了让我的成绩更好，并没有征得我的同意，就给我报了许许多多的补习班。每个双休日，我除了完成老师的作业，还要去奥数班、作文班……时间安排得满满的，我没有一点儿休息和娱乐的时间。我多么羡慕那些能自由地玩耍的同学啊！可是为了不让您失望，我一直默默忍受着，并努力取得优异的成绩。

后来上了初中，课程猛然增多，加上那些补习班，我越来越吃不消了。在一次考试时，我因为太劳累了，而大意地做错了一些题目。当时您知道吗？我多么想得到您的理解，可是您却狠狠地教训了我，还告诉我，下次必须考第一！我的压力更大了，为了那个第一，我拼了命地学习，可是到了考试，却又因为紧张而考砸了。您更加生气了。现在，我每次一到考试就紧张得不得了，然后就考差了，考差了便更紧张，您让我怎么考得好呢？妈妈，请您给我一片自由的天空吧！

小天妈（看着小天流泪了，走到小天身边摸摸小天的头）：小天，对不起，妈妈不知道给了你这么大的压力，是妈妈不对。妈妈答应你，以后你只要尽力就行了，妈妈一定还给你一片自由的天空……

小天（靠在妈妈怀里）：妈妈……

旁白：现在的小天没有了压力，成绩越来越好了，看，这次的考试小天又拿到了第一！

幕落

044

碰　撞

宁　童

当青春期的我与更年期的老妈相遇，碰撞的会产生什么？那条所谓的代沟真的是无法消除吗？……

——序言

夜深了，10点的钟声渐渐响起。老妈正躺在床上看电视，而我却仍然伏在案前，挑灯夜读。寒冷的天气和临近的考试更给我增添了几份心烦和疲倦。手中的笔胡乱地在草稿纸上画着，一道难题让我思考得头脑都要炸了。

"童童，今晚牛奶没喝吧？"妈妈的声音在隔壁的房间响起。我随口应了一声，好不容易理出一点儿头绪的思路被老妈打断，不禁有些心烦气躁。而妈妈的声音再次钻进我的耳朵："那快自己去冲一杯喝吧！"那份被打断思路的心烦已在我的心中转化为怒火，不由地提高了声音："作业这么多，哪有时间啊！你不能把我冲一杯呀？"显然，我不耐烦的声音激怒了老妈，妈妈一下子提高了噪音："这么冷的天，妈妈已经睡觉了，你就不能自己冲吗！"我一下被激恼了，却没有喊出心中的："不冲就算了，今晚不喝了！"只是呼地站起身，重重地带上了房间的门。随之而来的便是老妈重重地放下遥控器的声音。就这样，我们母女二人在只隔着一面墙的两个房间里，各自生起了闷气……

躺在床上，望着黑漆漆的天花板，心中的气仍没消，老妈怎么这么不理解我呀，就不能为我节省点时间嘛，又不是不知道作业多！难道这就是"青春期与更年期不可避免的'战争'吗？"我不禁想起了书上的这句话。对了，不如试试书上的方法，"换位思考"吧！我努力使自己站在妈妈的角度上想着。

这孩子，真是越来越不尊敬理解父母了，每天为她从早忙到晚，关心关心她还不行，让她喝牛奶还不是为了她身体好！……想到这里，我一下子醒悟了。对呀，妈妈还不是为了我好吗？妈妈每天多累呀！早上和我一起起来，然后做早饭，还要去上班，晚上回家又要忙着做晚饭，吃过饭还要洗衣服、做家务……好不容易上床休息了，我怎么还能让妈妈在这么冷的天气里，起来为我冲牛奶？这点力所能及的小事还要麻烦妈妈，我真是太不应该了！妈妈关心我又怎么能嫌烦呢？

　　我越想越后悔，后悔自己不应和妈妈争吵，让妈妈生气，现在，我多想对妈妈说对不起呀！对了，明天早上就向妈妈道歉！

　　第二天早上起床后，妈妈已经在吃早饭了，没有什么话和表情。我端起碗吃了两口，正想向妈妈道歉，没想到妈妈却先开口了："童童，对不起了，妈妈昨晚仔细想了想，不应该在你做作业时打扰你，可是妈妈只是想关心你，你能原谅妈妈吗？"我怔住了，半天才说出一句："妈妈，是我不对。我不该让您生气的，我知道您是为了我好。妈妈，对不起！"妈妈欣慰地笑了，摸了摸我的头说："以后我们有事就多沟通，不再争吵，互相理解，好吗？""好！"我和妈妈又和好了，此时的妈妈仿佛像天使般美丽。

　　现在，我和妈妈再不争吵了，因为我们都学会了"换位思考"。试着"换位思考"吧，让我们一同跨越那条所谓"青春期"与"更年期"的代沟！

和妈妈换位思考

夏　璐

　　很长时间没有拉妈妈的手散步了。我每天开门而去，敲门而归，卸下一身的疲倦，匆忙地做完了功课，复习、预习，就结束了忙碌的一天。妈妈在家里的一举一动似乎并不是我特别关注的，她和我像两道铁轨，她会一直朝我这里驶来，我却回避着与妈妈保持平行，即使我知道我们最终会有交点。今天是周末，我刚坐在书桌前，猛一抬头，看见妈妈整日为我们洗衣做饭而显得疲惫的身影，我的心陡然一阵酸楚。我走到妈妈跟前，对她说："我们去散步吧。"母亲猛然抬起头来，嘴角掠过一丝掩饰不住的惊喜，表面上仍显得很平静，只是淡淡地说："好哇。"

我拉着妈妈的手，触摸到她的掌心，掌心的纹路粗糙杂乱地向各个方向延伸，任你怎么抹也抹不掉手上的不平整。那一瞬间，我觉得妈妈浓浓的爱仿佛也顺着这些纹路一点点地流进我心里，传遍我全身。可一段时间以来，我却拒绝体会母亲的深情的爱，甚至忽略了它的存在。送出去的爱，给人安慰，被退回来的呢，必定会沉积在那里，瑟瑟地生疼。我的内心体会到母亲们虽然有爱，但往往会被拒之门外时内心的疼痛。

和妈妈走在散步的路上。母亲走了一会儿，发觉我总在她后面，便用力地把我拉到前面来。我看到妈妈的眼，眼皮下垂，眼神却清亮，只是不知何时鱼尾纹在妈妈眼角"定居"了。我让母亲停下，双手在她的太阳穴轻轻地揉搓。我想将她的皱纹抚平，虽然我知道几下按摩并不能让母亲重新换上青春的容颜。

047

妈妈的身影在风中显得有些单薄，我抚摸着妈妈的背，她那随着时间飞逝而略有些弯的背此时也挺直了。记得它经常是弯的，那是在夜里为我盖被子的时候，是晚上给我递牛奶的时候。

在微风中，我想起了妈妈为我做的每一件事，我是那么深切地感受到母爱的存在。体会到了妈妈的感受，懂得了怎样和妈妈换位思考。

活力百分百

江文婷

现在为您播放的是"活力百分百",我是主持人若水。

活力是一个神奇的东西,它可以使溪水长流,使人们拥有快乐与力量,可以使花儿变得生机勃勃,争奇斗艳。

现在的我们拥有着青春的活力,但在我们的课堂上却变得死气沉沉,我奇怪了:"为什么我们拥有青春而不拥有活力呢?"百思不得其解……(一同学说)

活力表现在运动场上,活力表现在舞台上,活力表现在大街上……拥有青春的我们必须要拥有巨大的活力,活力表现在哪里?让我们跟着它的足迹来寻找看看。(话外音)若水陈述:(音乐响了起来)"活力在哪里啊,活力在哪里?……"

镜头一:活力在课堂

在上《春联》的这节课上,便是正值青春期活力最充分的一个表现。老师让大家谈过新年的事情。这下啊,大家心里可是乐开了花,因为新年就是我们小孩子最快乐的时候了。有人说:"新年我们在家中放烟花,没想到,那烟花好久不着,我便跑过去看,没想到那时突然火冒了出来，把衣服烧了个洞……"一片哄笑。"过年，放烟火的时候，把自己的衣服烧着了，跑得飞快最后看到一个小水沟，往里一跳……"笑声再次响起。"新年时……"同学都说得有声有色，神采飞扬，仿佛正在做那件事，听的同学犹如身临其境。说的时间很长，大家好像没有说够似的，手举得如同一片小森林，而且高低不齐，嘴里叫着："我！我！"

（话外音）这就是课堂活力的表现，怎么样？你是不是也想有这样的课堂呢？下面我们来看镜头二。

镜头二：活力在操场

几个女生在一起跳绳。两个人在摇绳子，另外的几个人一个一个跑到绳子前去跳，这可是讲究技巧的，要是一不小心撞上了绳子，那你可就惨了。嘿嘿！

一个同学先起跑，钻，好！跳！好耶！她成功了！又一个……大家都欢快地冲了上去，而且步伐也很整齐，大家一起在唱着欢快的歌谣。

049

（话外音）整齐的步伐，秀丽的身影代表了同学们活力的表现，下面我们来看三号镜头。

镜头三：活力在校园

说起广播操，我们这些四年级的学生可就要吐吐舌头了，因为做得实在糟糕。上次在做操时我们一个个呆若木鸡，看到学哥学姐们那靓丽的身姿，流畅的动作感觉自愧不如。她们随着音乐的节奏，踏出整齐的步伐，让你看着充满了兴奋与喜悦，自己也好想试试（没采集到镜头，故此由主持人演说了。）

有一种美丽

（话外音）学哥学姐们的动作，使我们感到了那青春的活力。

尾声：青春活力处处都存在，活力创造了我们的生活。活力如水，如花，如茶，如梅……生活中没有活力，将会没有这个充满着美丽色彩的世界。愿您的每一天充满着活力。我们这期的"活力百分百"结束了，下期同一时间欢迎收看！

青春·活力

苏　菲

让拥有青春的我们，在这人生最美最灿烂的花季，活力四射，激情飞扬！

——题记

活力是什么？活力是青春的展现！青春是什么？青春是活力的代名词！那么我们呢？哦，我们是青春的拥有者，活力在我们身上绽放！

课间十分钟

课间十分钟是我们展现活力最好的时间。课间，教室走道一眼望去，不得不承认拥有青春的我们最多的就是活力。"老师不在班，男生称大王"。你瞧，哪里没有男生们来去匆匆的影子？走道上，他们

的"追逐打闹"，他们的"活蹦乱跳"，是在展现活力，那追跑的速度，恐怕是风也暗自惭愧吧！再看看女生，嘿，也不比男生差，教室里就是她们的地盘。两个一起，三个一群，要么聊得"兴高采烈"，要么疯得"不可开交"。爽朗的笑声透出她们的活力。用我们的话说："课间宝贵，十来分钟，不疯白不疯！"

看，我们的青春活力！

运动会赛场

运动会赛场应该是我们展现活力的最大舞台吧！青春的活力飞扬在跑道上，那是我们在奔跑。现在要看我们班的女生一展身手了，那可真是"巾帼不让须眉"呀。看我们的体育委员吴逸凡，"人高马大"。既然当上了体育委员，跑步自然不用说了。红白跑道上，她矫健的步伐跨出一道道弧线，踏起飞扬的尘土。随着我们一声叫好，她为我们班拿到了第一个5分。虽然不是第一，但第二名的成绩足以让我们为她自豪了！再看看女子400米接力赛，我们班的四大女将也不差。团结合作，让她们拿到了第四名的好成绩，也为我们班又添上了8分。回忆起她们的拼搏，又何尝不是活力的展现呢？

看，我们青春的活力！

活力大课堂

课堂虽然严肃要安静，但也同样能展现我们的活力，那是一种特殊的活力。在课堂上，我们积极举手是一种活力。同学们神采飞扬地讲着自己答案，其它人则听得津津有味。有时一些创新奇特的答案，往往让我们乐开了怀，笑声飘荡在教室，这是活力的声音。青春的我们，敢想敢说，才有了这样的活力课堂！

看，我们青春的活力！

其实，这样的活力何尝不好？在这多姿多彩的青春花季，就让我们永持活力吧！这样的青春最美！

我们班之"活力 e 族"

姚文杰

我们班地盘不大，侠士不少，特别是同学个个活力充沛，合称"活力e族"。

活力镜头一：上课耍宝

据媒体最新报告：我们班的人气指数已经飚升至2000……（以下一万个"0"省略），高居全年级人气榜第一位。你一定会发问："为什么呢？"这全仗那次课堂耍宝了！那一次上数学课老师提出了一个问题：直线、射线、线段有什么关系？同学们纷纷举起了手，我也不例外。老师叫我回答。我回答："直线、射线、线段是祖孙三代的关系！"同学们个个哈哈大笑，老师也哭笑不得，无奈地说："姚文杰呀姚文杰，有一天你非得把我气死不可。"然后让我坐下。这件事你们可千万不可以告诉Mr Jin 哦，要不然我一定会被生吞活剥了。我虽行为不正，但也为沉闷的课堂气氛添了点活力的气息，将功补过嘛。这就是本班人气飙升的原因。

活力镜头二："武当七侠"

近日，我们班掀起了一股武侠热，许多人都在迷武侠小说。那天"活力e族"的成员闲得无聊，有人突发奇想：我们"活力e族"的人员成立"武当派"。成立以后，我们一下课就往操场狂奔，"比武论剑"，好不自在。可好景不长，这件事很快被Mr Jin知道了，Mr Jin把我们叫去，兴师问罪，我们"武当七侠"抵挡不住，个个哭爹喊娘。最终只能"战死沙场"。"武当派"就此宣布灭亡。

活力镜头三：疯狂足球

"人灭意不灭"是我们六年（8）班"活力e族"的宗旨。这不，武侠热刚过去，又来了一场"足球风暴"，风力可达到17级，男同学个个被吹得晕头转向。一有空就去踢球，Mr Jin以此找我们"活力e族"谈话几次了，可每次都不见成效。这次他可动真格了，让我们在学习与足球中选一个，学习为重。最后，我们还是乖乖地举起了白旗……

"活力e族"的活力不可估量，"活力e族"的成员也永远充满活力，我们是活力的代名词，让活力永远绽放光芒！这不，新的鬼点子又在向我们招手了……

勇 气

刘白隽

　　提起"勇气"这个词你一定会说："我当然知道了。"但你真的有勇气吗？在现实生活中有很多有"勇气"的表现。第一次下海游泳是一种勇气；第一次骑自行车是一种勇气；第一次吃酸葡萄是一种勇气；第一次上街买菜是一种勇气……"勇气"其实是无处不在的，当你遇到困难时，"勇气"就会跑来帮助你。而我现在面临的最大困难就是自己，面对别人需要勇气，面对自己就需要更大更多的勇气。

　　记得是上一学期，我和一个好朋友因为一点习惯原因，两个人闹翻了，但在我的努力之下，他又和我重新做了朋友，现在他和我分到了不同的班级，我还有点怪想念他的。当初我们为何从好朋友成了双方互相厌恶，又到合好的经过，待我慢慢说来：

　　我的那位朋友名为张某，外号"伸手不见五指"。之所以获得这么高的"荣誉"，是因为他喜欢玩沙子和泥巴。然后，把别人的衣服当抹布，把脏泥巴全擦掉。有一天，我们上体育课时，他又老样子在一旁玩泥土，然而，我那件白衬衫就可怜地变成一件黑衬衫。回家后，妈妈大发雷霆地批评了我一顿。尽管我一再解释这件衣服不是我弄脏的，但仍是死罪可勉，活罪难逃，又是一顿臭骂。

　　被妈妈说了后，我的内心十分不平衡。下午，我感到全身上下都载着怒气，非常想找一个角落把它们给发泄出来。忽然，我的眼珠里映出了张某的身影。我心想：哼，都怪这个没素质的家伙，害我受了这么一大堆委屈。我几个箭步冲了上去，一下把他转了180度。接着，我把心中的冤枉同怒气一起推到他身上，"你这个人怎么这么没素质，一天到晚把脏手往别人身上抹，你自个儿是大少爷，我是小保姆啊！你都六年级了，还去玩沙子、泥巴，你是否有点儿太幼稚了……"我说了大约三分钟的怒话，当我说完的那刹那间，我发现他的眼睛红了。这时，我才意识到刚才发生的一切，我问自己，刚才那个怒气冲冲、没礼貌、小心眼儿的人是谁，而我的内心却回答："没错，那人就是你。"我惊讶了，我怎么会说出那样的话？那个朋友眼睛红红的，一路奔跑冲出了操场上。

这种时刻我该怎么办？"道歉？"不，那样我就太没面子了；"逃走？"不，那样就太残忍了。我的内心有两个回答。最终，我选择了道歉，我用一些面子挽回一个朋友，我认为这很值得。

我马上就跑到操场上向他道歉，可他却不理我，我们便在操场上展开追逐赛。终于，他停了下来，我马上向他说明了情况。然后，又说了几个笑话，终于又使他破涕为笑。

这次，我们的脸都红了。但可喜的是，我们又做了好朋友，在操场上快乐地往回跑。

有一种美丽

神奇的力量

邢　栋

在人云亦云的氛围中，敢于大声说"不"是一种勇气；在片片绿丛中，敢于展现自己的鲜红是一种勇气；在人来人往的大街上，敢于弯下腰拾起那一片纸屑是一种勇气。勇气是通向成功的必经之路，试问，你连闯的勇气都没有，怎可妄想好运降临到你的头上？

生活中，在关键处，往往就需要那么点儿勇气。

课堂上，老师行云流水地讲着课，大家时而优美地朗诵，时而展开激烈的辩论。在活跃的课堂气氛下，老师提了这样一个问题："大家可知《饮湖上初晴后雨》描写的是哪个季节？"这首苏轼所写的诗我很喜欢，诗中是这样描写的："水光潋滟晴方好，山色空蒙雨亦奇。欲把西湖比西子，淡妆浓抹总相宜。"大家七嘴八舌地讨论开了，有的认为是春季，有的认为是夏季。

"我认为是春季，因为春季的山和雨都是很美的。""我也认为是春季。""我也是！""我也是！"

一时，班上的"拥春派"以绝对优势压倒了"拥夏派"。我凝思着，诗中的"雨亦奇"可否理解成夏天的雨一会下，一会停，很是奇妙呢？可面对高呼的"春季"，我犹豫了。心中有个想法在说：算喽！还是支持春季得了，就算错，这么多人大家一起错，脸上好歹也有些面子啊！可是，这并不是我的初衷啊！为什么不勇敢亮出自己的观点？错了怎么办，很丢人的。丢人？我顿时给自己脑海中冒出的这个词惊住了。什么时候开始，我竟有了这样的想法呢？不，我一定要坚信自己的选择。可……

老师让大家举手表决："认为是春季的请举手！""呼啦啦"地，一片片手高高地举了起来，像一片小树林。我的手在课桌上欲举又放，悬而未决，心里很矛盾。好友回头见我还没举手，一脸惊讶，用眼神示意我快举。我摇了摇头。在摇头的那一刹那，我觉得自己原本摇摆不定的心平定下来了，有股神奇的力量悄悄钻入我的心房，坚定了我的信念。我明白，即使迈出的这一步是错误的，也是值得的。

我坦然地选择了夏天，当老师问我理由时，我回答得很平静。

事情总是这样。当你勇敢地说出自己的想法，当你有勇气坚持时，总会有份意外的好运降临。结果是：我是正确的。

我想，这股神奇的力量就是勇气，它是很奇妙的东西，让你在紧要关头多了一份镇定。

057

"删除"自卑

邓　锐

说来也怪，这次期末考试，我竟破天荒地考进了前五名，实在是出人意料，当我接到考试卷时，也不敢相信自己的眼睛。在同学们的簇拥和鼓掌声中，我已忘乎所以，还真以为这是一场梦呢！毋庸质疑，还是老师那段意味深长的话激励了我。

那是前几个月的期中考试。也许是不用心，也许是我的懒惰，我考得并不理想，或者根本就不能用"不理想"来形容，简直就是一塌糊涂，亲人们得知后对我是冷眼相对，邻居们也不和我说话了，同学们也不理睬我了，只有几个难得的好朋友偶尔安慰我一下而已，这给我带来了莫大的悲伤，至今我还记忆犹新！

下课了，同学们之中，考得好的，各自聊起了父母的奖赏，考得差的，也没什么心情玩了，只得待在一旁，互诉自己的苦衷。的确，这次考试给同学们带来的震撼实在是太大了，连我也是头一次考得这么差！班会上，老师严厉地批评了我，说我退步了很多，让他很失望，并且还让我下午把家长请来，他要和我的家长好好地谈一谈。旁边几个同学听了，发出窃笑，这可把我气得火冒三丈，见老师还在盯着我，我按捺住心中的怒火，心想：下课看我怎么收拾你们！哼！

一下课，老师刚走出教室门口，我就卷起袖子，走到那几人面前，抬手就要打，那几人见了，并不慌张，只是冷笑了几番："吆！邓老弟呀！我真是同情你哎，下午要请家长，晚上你老爸老妈又不知该如何收拾你了！你的命真苦啊！"说完，几人幸灾乐祸地大笑起来。"真不知道是谁收拾谁！"我气愤到了极点，一拳狠狠地打在他脸上，他被我打倒在地，脸上一块浮肿，他捂着脸，哭出声来，这可惊动了正在班里巡逻的纪律委员，"怎么了？"她跑来扶起那人，"被谁打的，我去告诉老师！"

"是他！"旁边几位同学一起指向我，纪律委员向我投来憎恶的目光，还告诉了老师。老师让我去他的办公室一趟，我真是"哑巴吃黄连——有苦说不出"啊！

过了几天，我仍然还处在无尽的痛苦之中。

直到有一天，老师神秘地把我叫进办公室，我带着满脑子的疑问和不解走进了老师的办公室。只见老师让我坐下，然后问道：

"这几天你的父母责怪你了吗？"

我摇摇头。"那么，你和你的邻居说话了没有？"他又问。

我仍摇头，不争气的泪水哗哗地流淌出来。

老师笑了，语重心长地对我说："我知道这几天你很难过，一是你考得不理想，二是周围的人都不理你了，对吗？其实啊，你和同学打闹的事，我早就知道了，你是不是每次同成绩好的同学碰面时都有一种寄人篱下的感觉？你是不是一直在怀疑自己？其实，否认自己，这是一种极其自卑的表现，只要你坚信自己，无论面临多大的困难，你都一定能去克服它！删除掉自卑吧！你会有更灿烂的明天！"

拔 牙 记

韩　涵

我的一颗牙齿要"下岗"了，它动来动去，我感到很不舒服，所以想来个自己拔牙。

我面对镜子，仔细看了看牙齿，发现牙齿的后面有一条小缝，我沿着缝将牙齿扳开一点儿，然后往外拔，不一会儿，牙就松了许多，再使点劲，牙就掉了，但流了不少血，也挺疼的。

我把拔下的牙齿看了又看，发现牙齿的一侧有个大黑洞，就想，准是给虫吃的，以后不能再吃糖了！

拔完牙，我马上打电话给姑姑，因为她是牙医。她说，没关系，不要用舌头舔，刷牙的时候，在那儿留个空，不要刷，如果刷流血了，就吃点儿冷东西！天啊，不愧是牙医，说得这么周到。我按姑姑说的去做，不到一周，就吃什么东西都行了。

拔牙虽疼，但我自己却能勇敢地拔下来，我很高兴！但自己拔牙是一件不好的事儿，因为我们手上有细菌，弄不好会发炎，所以大家千万不要像我这样啊！

060

留住那抹温情

他的目光里，有一种淡淡的笑意，还有一种非常非常踏实的感觉！月亮出来了，我看着这满月，它的光束柔柔和和地照亮我与父亲，我伸出自己的双手，"抓"一把月光，嗯，暖暖的，黑夜也被暖化了，我整个人里都洋溢着幸福与满足感，有股暖流直入我的心间，我欢蹦着回到了家里。

留住那抹温情

李清香

夜凉如水，残月似钩，月光柔柔和和地爬进了我的窗子里，我双手捧着这月光，心里突然感到十分温暖、舒适。我在想，这月光到底像什么呢？我犹豫不决，我感觉到它在我身边，我闭上双眼，梦里，我踏着花找到了答案……

残月光：父亲鞭策之光

又是一个月夜，父亲与我到奶奶家吃饭，大家都围坐在一起，其乐融融。我看着这一桌的美味佳肴，拿起了筷子，夹起了一块红烧肉，旁若无人地吃了起来。回眸一看，父亲正瞟着我，脸色沉了下来。我环绕着四周看，发现爷爷奶奶都没有动筷子，我的脸火辣辣地在烧灼，不知该说什么好。我再看向父亲时，父亲已收回了当时的目光。回家的时候，父亲语重心长地告诉我说："做人要有分寸，长辈要先动筷子，要有礼貌，要学会以礼待人，知道吧。"月光如残钩，照射到我的身上，那是一种略带冰凉，但是特别温暖的感觉。我想，父亲的目光就如这如钩的月光，既温暖，却也有一点点的冰凉，这应该是鞭策我所有的光芒吧，使我知道自己的错误，不断前进，努力变得更好。

满月光：父亲甜爱目光

一天夜晚，父亲接我回家，父亲在我身旁走，一路上，我没与他说话，不是闹矛盾了，而是我父亲比较沉闷，我与他不太有共同语言。

没有想到，临近回家的路上，父亲却首先开口了，他问我："学习最近怎么样，有压力吗？""上课有认真听讲吗？""缺不缺什么东西，缺东西就和家里说。"我说了一句："都挺好的。"这时，我看向父亲，父亲也向我看去。他的目光里，有一种淡淡的笑意，还有一种非常非常踏实的感觉！月亮出来了，我看着这满月，它的光束柔柔和和地照亮我与父亲，我伸出自己的双手，"抓"一把月光，嗯，暖暖的，黑夜也被暖化了，我整个人里都洋溢着幸福与满足感，有股暖流直入我的心间，我欢蹦着回到了家里。

这就是父亲的甜爱目光，在我最失落最无助时，使我快乐，高兴起来。

对我来说，父亲的目光是非常暖的，他的目光会教我少走弯路，会让我渐渐学会怎样做人，会在我失落时，燃起生活的斗志与无限的希望。

父亲的目光，如那月色，永远在我身边，即使我没有发现那如水月色，它也会永远给我温暖，使我安心！

送我前行的目光

张逾晓

只是感到背后凉凉的，带有几分寒意，我小心翼翼地一回头，光芒四射，照得我睁不开眼睛，继而脸上火辣辣的，手上那本崭新的书掉在了地上，边角皱了起来。

他斜倚在窗户边，一只手拿着烟头，口中喷出一阵一阵烟雾。在紫色的烟雾中，他的脸阴沉沉的，我盯着升腾的烟雾，一动不动。

在我如花的童年里，父亲是温文尔雅的，童年的笑意总伴随着他的身影。我总是抱着他的胳膊或骑在他的脖颈上，洒下一阵阵欢快的笑声，如金豆豆一样洒在茂密的草丛中、绵延不断的山脉上、波涛澎湃的江河里……一个又一个春秋，一轮又一轮初阳，都是他陪伴我度过。在我的印象中，父亲从未对我有过严厉的举动，而在那一次，他的目光灼伤了我，也烧毁了我的私欲。

我伸出指尖，迅速划过书架上那一本本崭新的书，翕动鼻翼，使劲嗅着书本散发的油墨香。父亲坐在图书馆的桌子旁等着我，而我还沉浸在书本浓厚的香气中。我环顾四周，看到人群拥挤，忙忙碌碌，每个人都在风风火火地找书，仿佛是在与时间赛跑。我悄悄地从书架上抽出一本书，油亮油亮的，工工整整的楷字漂亮地排列在上面。

才阅读了第一页，我就抑制不住要把其书占为己有的冲动了。头上渗出的颗颗汗珠啪嗒地落在书本上，我赶紧抹去，却怎么也抹不掉正在萌芽的恶意。我咬了咬嘴唇，看着空旷的图书馆，心一横，果断地把书本塞进了袋子里。然后大步流星地去找正在桌边等我的父亲，而在我面前的是空荡荡的桌椅。

我下意识地一回头，父亲的目光骤然落在了我的脸上，眼睛里充满了惊讶、责怪、失望、愤怒的情感。我呆呆地站在原地，直到他把我拉到图书馆管理员面前道歉，最终买下了那本我费尽心思偷来的书。

回到家中后他没有再说一句责备的话，但是他那一束目光已经包含了所有。

湖畔的小鸟在啾啾欢鸣，风情万种的柳树在搔首弄姿，一阵微风吹过湖面泛起水波，天空上的月亮与星星在呢喃细语。我想我也许就是天空中的那颗最远的星星，父亲作为一个硕大明亮的月亮注视着我前行，他的目光化为金色的光芒射向遥远的未来，在这样一道光芒下前行的星星，是不会偏离航线的。父亲的目光深沉，严格，为我照亮了前方崎岖的道路，我知道他希望我成为道路上最亮的一颗星。

淡定的目光

王 伟

小时候，我对于父亲没什么特别深的印象——父亲是名军人，他常年在外当兵。

我十岁时，父亲选择了自主择业，回到家乡准备做生意。那段时间里，父亲做可口的饭菜给我吃，天天送我上学，用笑眯眯的目光陪我一起打羽毛球，让我乐呵呵地享受着这迟来的父爱。

父亲爱喝啤酒，他喜欢叫我为他跑腿，买回两瓶雪花啤酒，看着杯中的泡沫不断增多，快要漫出来，然后满脸容光焕发，随着啤酒下肚，他的脸色也渐渐红润起来。若是有什么好的白酒，父亲从不敢奢侈地一饮而尽，每次总是倒一个小茶杯那么多，一小口一小口抿着酒，好像那酒，是世间少有的珍肴，能带给他多么大的享受，从中能得到莫大的满足。父亲看酒时满足的目光，就像在看他自己最爱的东西一样，每次他喝酒，心情总会特别的好。

父亲还没有做起生意时，我和他经常谈心。我总是随心所欲地从一个问题转到另一个问题，听着父亲滔滔不绝地和我说起他的童年，他的中学生活，他上炮兵学院时的情景。回忆起那些往事，父亲的语调轻松而充满喜悦，他的眼睛闪闪发亮，让我想到夏夜的星星，然而又不是——我所见的星星还没有如此明亮的。

"我们那时候，生活苦多啦。"父亲又回忆起当年的情景，目光逐渐变得炯炯有神，"只有到过年时，才能吃到肉，压岁钱也是一角二角，全是用来给当学费的。那时的冬天比现在冷多啦，雪积得很厚，一脚踩下去陷得多深的，也没有什么特别暖和的鞋穿，有一年，我和你奶奶去老太家拜年，路上刚下过一场大雪，舍不得穿新鞋，就赤脚走过去，好几里的路，现在想想也挺难熬的。"

我感到很惊奇，对我来说，这就像发生在另一个年代的故事，可父亲的诉说却让我仿佛一下子回到他的童年。父亲已经笑了起来，目光中流露出淡淡的怀念，我说不清那是一种怎样的情怀，但我很肯定，那是充满温情的怀念。父亲怀念着他的年轻，怀念着他的童年。此时父亲的目光是温和而淡定的。

父亲也有发火的时候，父亲发火时像一头发怒的狮子，那是我见过父亲最恐怖的样子，他双目圆睁，瞪得多大，脖子上的青筋突起，目光凶煞。每当我看到父亲这样的目光，总会害怕得流泪。

只有一次，父亲像个需要被别人的照顾的小孩子。那天，他醉了酒，神志不清，又吐了出来，已经完全是胡言乱语只想睡觉了，我看见妈妈为他脱掉鞋。父亲的双眼微眯着，眼神空洞而迷糊，那快要睡着的神情让我想到了已经累了很久的小孩子，终于回到温暖的怀抱中一样。那一刻，我感到父亲似乎放下了他所有生活的担子，双肩好像放松开来，不是平时的紧绷。

是的，自从开了小小的茶楼，父亲的目光，更多的，已是疲惫了。他有时到深夜回家，有时就在茶座过夜。早上我上学时，常看见父亲的房门紧闭着，他在休息。我的脑海中好像就浮现出父亲昨晚轻手轻脚关上门，眼皮微微下垂，目光松殆，连步子都是极其沉重的情形。

读父亲的目光，就像在读他的人生。我读了很多年，却越读越深，那是一本永远也读不完的书，装载着父亲太多太多的经历……

父亲的目光

艾　静

父亲的目光是一本人生的字典，教给我人生的哲理……
——题记

或许是因为父亲太严厉，从小到大，我对父亲没有什么亲切感；

或许是因为父亲工作的缘故，很少在家，我缺少与父亲交流的机会，而与父亲变得生疏。可是，父亲的目光却是多样的，它教给我太多太多。

高兴时的目光

虽然父亲从不辅导我的学习，却总是时不时"拐弯抹角"地询问我的学习情况。每当父亲晚上下班回家时，看到我伏在桌前认真学习，便会悄悄地站在旁边静静看着。目光里满是慈爱，看的那样入神，似乎是在欣赏一幅美妙的画卷。那目光使我不由自主地更加努力学习。而当我拿着优异的成绩单兴奋地跑回家，喜滋滋地说着我的分数时，父亲总是在一旁笑得无比灿烂。我想，那份喜悦应该是无与伦比的吧！看着成绩单，父亲的目光里又添了几分欣慰和自豪。也许父亲并不知道，那目光让我无比的快乐，也给予了我莫大的鼓舞。

哦，父亲高兴时的目光教我懂得了学习的欢乐！

生气时的目光

当然了，父亲也会生气，说真的，父亲生气时的目光是非常恐怖的。记得七岁那年，有一次，爷爷买了个好玩的玩具，我和弟弟为了争着谁先玩而打闹了起来。父亲当时也在旁边，虽然很生气，却并没有说什么，只是阴沉着脸，用无比严厉的目光看着我。那可怕的目光像冰冷的两把利剑，直穿到我的心里，告诉我作为姐姐要多让着弟弟。幼小的我，虽然极不情愿，但毕竟还是怕爸爸发火呀，只好噘着小嘴，放开了紧紧抓着玩具的手。后来每当和弟弟妹妹争抢东西或吵打时，父亲总是用同样严厉的眼神，教育我同一句话：做姐姐的，多让着弟弟妹妹。那时的我，很不能理解，父亲为什么总是让我忍让，我为什么总是要玩他们不爱玩的玩具，吃他们已经吃腻了的糖果。有时候，甚至还怀疑父亲不爱我。后来长大了一点，才明白原来父亲是在培养我的谦让精神。

哦，父亲生气时的目光教我懂得了谦让！

疲劳时的目光

因为父亲的工作——开出租车，所以父亲总是早出晚归，当然会很疲劳。有时，半夜很晚父亲才拖着沉重的步伐回到家。常常刚刚进门，就坐倒在沙发上。父亲那因长时间开车而布满血丝的眼睛，透露出的目光是无比的劳累和辛苦。看着那目光，我渐渐开始学会了节省，因为我明白我所用的每一分钱都是父亲的血汗钱，它们是那样的来之不易！

哦，父亲疲劳时的目光教我懂得了节省！

哦，父亲的目光是一本字典，一本人生的字典！里面满载着人生的哲理，伴随着我成长。我相信总有一天，我会读懂那本字典里最深奥的文字！

069

调侃座位

夏　璐

我敢夸口，提起班里的座位，我可是研究多日了，也小有成果，

留住那抹温情

不信待我慢慢道来。

先侃侃前排座位。坐在前排的同学，真是"多灾多难"。你想，在老师的眼皮底下，轻嘀咕，小动作，老师站在讲台上，可是"一览众山小"啊，哪一个不原形毕露！老师检查背诵，总喜欢从第一排开始，所以他们常常会受到"优待"，拔个头筹。后面的同学特别感激他们这种造福"后人"的奉献精神。从块头上看，坐前排的都是本班的矮个子。

中间座位可是难得的风水宝地，这里聚集了不少"武林高手"，"四眼兄""四眼妹"也不乏其人。他们是乖男娇女，是出类拔萃者。因而他们风光占尽，班里的荣誉几乎被他们囊括。他们的队伍里常会因授课老师说的话莫名其妙地爆发出一阵阵笑声，引得"前人"回头，"后人"翘首。

靠近教室墙壁，窗户位置相当于"包厢"，听课做作业累了，头枕双手，背靠墙，闭目养神，优哉乐哉，不被注意，好不惬意！窗户归他们管辖。你可不要招惹他们，大冷天开个通风口，给你一个好受。他们另一重要任务是"望风"。常常在不经意间大喊一声："老师来啦！"能让人声鼎沸的教室立马"万籁俱寂"。这时他们就骄傲地摆出一副"大梦谁先觉，平生我自知"的模样。

最后一排座位，是教室的"水泊梁山"。当然是犯了"天条"。被"贬"到这里来的，前"好"后"坏"，这倒很符合生态平衡的法则。

"世事洞明皆学问，人情练达即文章"，看到这里，对照一下你们班上座位，看看是不是同我说的一样？

快乐班会

韩　涵

　　星期三的下午，又是开班会的时间了，我猜想着：班上会发生什么有趣的事儿呢？

　　班会开始了，主题是"你行我不行"。两位主持人向我们讲述完比赛规则，咱们的"奇人"一号黄俊胸有成竹的上来了。

　　他的手熟练地做手势，像一只大蜘蛛似的，台下的同学也跟着做了起来。这时徐明大胆地走上来挑战了，他一边看黄俊的手势，一边把自己的手左扭右扭，可过了大半天了，也不见有什么长进。我纳闷了，这么个小手势就让人这么难学吗？没理由呀！徐明被轰下台去了。又来了一位挑战者——田莹，她不费吹灰之力就做出了这个手势。可我们左看右看，都看不出什么名堂，总觉得似像非像。裁判为难了，不知怎么好，下面的同学开始起哄：有的喊："黄俊！黄俊！"有的大叫："田莹！田莹！"最后还是黄俊获胜了。

　　"奇人"二号潘诗森被方毅然硬拉了上来，他表演的是"动耳功"。潘诗森面朝我们，两耳一摇一摆的，就像两扇没关好的窗户，被风一吹，前后摇摆有趣极了。同学们一个个都退了回去，不敢挑战。这时，胡宗超得意扬扬地走了上来，他的两只耳朵也能一动一动的，好似被一只隐形的手给轻轻地碰来碰去。他说了一句："我还能一只耳朵动。"大家半信半疑，只见他把一边的脸捂着，果然，他的一只耳朵真的动了起来，就像跳健美操，而另一只就像太累了，在呼呼大睡，同学们看了笑得前俯后仰。大家全都举双手来投胡宗超，他心满意足地回到自己的座位上去了。

"奇人"三号是谁呢？我本安安稳稳地坐着看别人表演，没想到大家一个个喊着我的名字。我忙叫："反对"！旁边的同学大声说："反对无效！反对无效！"后面的同学推着我，前面的同学拉着我，我知道胳膊肘拧不过大腿，只好乖乖上了讲台。只见我两手手指交叉握在一起，高高举过头顶，然后就同芭比娃娃一样，接着翻了过去。同学们大叫："哇！"有的则试图学我，可没人做得了。哈哈，我赢了，我真高兴。

时间过得飞快，不一会儿就下课了，不过这堂班会给大家留下的印象特别深，直到现在，一些同学还在回忆那堂班会上"奇人"的绝活儿呢！

哦！完美的班会，快乐的班会！

让我纠结的同桌

胡镇铄

"人在江湖漂，哪有不挨刀；人在学校闯，哪能没同桌。"

本人高傲自大，一向以欺负同桌为乐，可今年太糟糕了，一个长得肥嘟嘟，满身小肉肉的"小胖"来了，真是一朵奇葩。"小胖"长得很"卡哇依"，关键是好欺负啊！本人最喜欢这样的同桌，嘻嘻。

同桌姓吕名小胖，合称吕小胖。小胖戴着一副蓝色眼镜，这足以说明他是个近视眼，每当抄笔记时，他总看我的。

他很乖，但也有生气的时候，这时的小胖不好惹。记得那一次，小胖坐在座位上做作业，做着做着鄙人的桌子被他渐渐占领了。我当时气不打一处来，用我的独门秘籍——剪刀腿"唰、唰"来两下。"干吗哦？""You超界了，you know？""烦人，真是的。"我见他这样说，就冲过去，抄起数学书："混蛋，敢冲我，不想活了？"突然，让我意想不到的事情发生了："你烦不烦！"他大吼道，眼睛瞪着我。我愣住了，呆呆地望着他，过了一会儿，我趴在桌子上一声不吭，一动不动。

"花非花，雾非雾，花非雾非花。"小胖并不是"恶魔""软泥"一堆。

这不，现在，谁见到小胖冲我发火，活腻了。小胖很不错，只是一身的肥肉总是很占地方，不过也有它的好处。

中午，小胖坐在里面，这时躺在他身上，那就一个字：爽。胖，有时并不可笑，但小胖最佳的绝技是逗我笑，他说一句话，可逗了。关键在于他那样，摇头晃脑。脑子还没花生仁大，可爱至极啊！还有，小胖特耐打，一身肥肉，打起来软软的，他也疼。

小胖超级懒，上课喜欢睡觉，一天二十四小时，我估摸他要睡二十三小时五十九分五十九秒。

背单词老师如果说不背，他就不背，非要背时，才嘟哝两句。

小胖，

有时，你可爱；

有时，你讨厌；

有时，你愤怒；

有时，你快乐；

但你永远是我的同桌，我的小胖，我那纠结的"小胖"。

哦，我的同桌；

哦，我的小胖。

"恨"出来的温暖

何 帆

她，在我们班"赫赫有名"，无人不知她的"坏"，无人不晓她的"奸"。爱打小报告是她的特有专长，就连下课也不轻易"放"过我们，一记名单就是一大面，真是破坏我们的"自由权"。两只眼睛就如显光灯一样，扫到哪，哪就即将被她要去"告御状"了。

虽说同学之间的友谊是可贵的，但是我们对她早已"恨之入骨"，或许这样十分地不应该，但她的所作所为，令人不可原谅也！

"身为一班之长，上课怎能带头讲小话呢？大家要都向你学习，课堂上不就成了茶馆了吗？啊？……"耳闻班主任"雷鸣般"之训示，我，哎，难过至极，两行泪犹如滔滔江水，延绵不绝。周围的同学纷纷向我投来了失望的目光，仿佛一把把剑，刺入我的心中，我怎能不忧伤呢？不怨天，不怨地，只恨自己上课讲小话。

终于熬到下课了，我独自一人闷闷不乐地趴在桌上，正处于啜泣之中。这个时候，我多么需要一点安慰啊，当众被班主任严重批评，谁心里能好受？

想着想着，"喷泉"又"拉"开了"帷幕"。突然间，几位好友向我走来，我立马转忧为喜。谁料？她们只是无奈地摇了摇头，平淡地说了句："别哭了。"

刚刚散去的愁云又在我额头上聚拢而来，我茫然地睁着双眼，愁眉苦脸。

正在这时，有人在我背上一拍，我回头一看，原来是她。她微笑地对我说："瞧你这副苦瓜脸！"我认为她这是"幸灾乐祸"，瞪了她一眼。她轻轻地拍了拍我的肩膀，"嗨，别伤心了，下次谨记别犯就是了，谁没给班主任批评过？女儿有泪不轻弹，好了，不要气了，笑一笑，十年少！"顷刻间，我感觉到一股强烈的暖流涌入了我的心头，让我制止住了泪花，我简直不敢相信，在我最需要安慰的时候，是她，我最"痛恨"的她，竟然给了我温暖。

望着她渐渐远去的背影，我才真正体会友情的可贵。我沉浸在刚才的温暖之中，很久很久……

牢记那首童谣

欧阳映兰

"我们坐在高高的谷堆上面，听妈妈讲那过去的事情……"轻轻地吟唱着这首歌，想到了很多很多……

当我们在"听取蛙声一片"的夏夜，空中"七八个星天外，两三点雨山前"。我们拉着亲爱的妈妈，让她给我们讲故事讲她童年的乐事，讲温馨的童话，讲那古老的神话，讲新世纪的美妙，讲未来的神奇。我们呆呆地听着，晚风徐徐，吹走倦意，欣赏空中如薄纱遮脸的月亮与星星，没有一点儿疲困，而是兴趣盎然，傻傻地看，傻傻地笑，傻傻地听。妈妈慈爱的嗓音是那么动听，温柔的眼神里流露出浅浅的笑意，宛如夜空中的星星，那般明亮。听着妈妈的诉说，我仿佛来到了那个年代，和小时候的妈妈一起到田地里踩泥巴，偷山芋，捉蜻蜓；我也曾看着月亮想象嫦娥的美丽容颜，为那执着的精卫所感动；我更沉浸在那五光十色的"海底城市"水晶宫里，带着向往陶醉在未来世界的奇妙幻想中……

每当我回忆起那美丽的夏夜，那动人的故事，还有，那首童谣，我总会心潮澎湃。也许，对于农村长大的孩子，这不过是饭后的常规事，已经是一种无聊至极的消遣方式。而对于在城市中的毛孩儿们，又是何等的享受呢？

我们不会再有机会去享受这样的闲情逸趣了！现实中的我们开始为学业奋斗，夜晚成了我们挑灯夜读的黄金时机，那般单纯自然，我所向往的快乐，也不复存在了。它成了我们心中的一种渴望，心灵的一种需求。之所以让那么一首几年前的老掉牙的童谣在我脑海中镌刻着如此深刻的印象，那是因为我想拥有一个令我觉得快乐真实的自我，我喜欢的自我。套句美国电影的经典对白："我爱你，不是因为你是谁，而是爱那个与你在一起时的我。"的确，那种坐在谷堆上面，听妈妈讲故事是我需要在精神上得到的补充。

我不苛求有什么享受，只希望能在我需要快乐的时候，听听儿时喜欢听的故事与一个返璞归真，脱掉世俗所带来的虚荣的儿时的"我"共享快乐。

我知道，因为科技的发展，生活水平的提高，我们有了这种感受。这本是该庆幸的，我们应该明白，在发展进步的过程中，让自己心灵不再空洞，为自己的心灵布置一个美丽的田园，而那份美丽珍贵的回忆连同那首童谣则永远地被我牢记于心。

牢记那首童谣，牢记它给我们的美好想象，牢记回忆的快乐。

音乐，触动了我的心

陈 琦

芊芊芦苇，触动了文人的心灵；巍巍"神舟"，触动了国人的心灵；眷眷亲情，触动了游子的心灵；殷殷师恩，触动了学子的心灵……

然而在我的生命历程中却有另一种感觉，它有如竹林深处涓涓流淌的溪水，又如自由驰骋在天地间的和煦春风，轻轻拨动我久未感动过的心弦。它，就是音乐，令人为之陶醉、为之痴迷、为之疯狂。

我已经记不起我听的第一首流行音乐是什么，我也记不起我是什么时候迷恋上音乐的。我只记得它一直陪我走到今天。它也随着时间的推移深深地印在了我的心中。我感觉我已经离不开它了，它已经成为我生命中不可缺少的一部分。是它让我欢笑，是它让我感动，也是它让我流泪，更是它触动了我的心灵，让我体悟到爱的美好。

有很多首歌都触动过我的心灵。像《红旗飘飘》《我的未来不是梦》《东方之珠》《朋友》……但让我印象最深的是那首《懂你》："你静静地离去，一步一步孤独的背影，多想伴着你，告诉你我心里那么爱你。花静静地绽放，在我忽然想你的夜里，多想告诉你，其实你一直都是我的奇迹……"可以说触动我心灵的不只是这首歌的歌词，还有一个关于这首歌的故事。

　　从这首歌的歌词表面来看，你一定会认为这是一首为爱情所写的歌曲。可是你猜错了，这首歌并不是为爱情所写的。要想知道，让我慢慢道来。

　　这个故事是听我舅舅说的：某年某月某一日的晚上，歌手和好友一起去吃饭，到了很晚他才回家。一开门他惊住了，半晌无语，一种莫名的情感涌上心头，眼泪不住地在眼睛里滚动，慢慢地顺着脸颊流了下来。原来他发现他的母亲一直只穿着单薄的衣服坐在沙发那儿等他。我相信无论是谁看见这一幕心灵都会有所触动。后来他便为他的母亲创作了这首《懂你》："一年一年风霜遮盖了笑颜，你寂寞的心有谁还能够体会，是不是春花秋月无情，春来秋去你的爱已无声。把爱全给了我，把世界给了我，从此不知你心中苦与乐，多想靠近你，告诉你我其实一直都懂你。"听完这个故事，不知怎么想起了自己的母亲，她为我付出了太多。在母亲无微不至的关爱下，我长大了，可我为她做过什么了吗？我总是任性地叫母亲去为我做各种各样的事情，却认为这是理所当然的，是这首《懂你》唤醒了我沉睡已久的感恩的心，是它让我明白，世界上有一种无私的爱，那便是母爱。

　　熟悉的音乐萦绕在耳边，爱，属于爱的一切浮现出来。音乐，触动了我的心灵，它让我明白了爱的美好！

　　这首歌，这个故事，我永远都不会忘记。我会把对音乐的这份热爱，这份痴迷，这份疯狂进行到底！

爱，有时是种伤害

小　寒

一阵大风把两只小麻雀从窝里给吹了下来，正巧，被爸爸碰见，因为没法送它回家，爸爸就把它们俩带回了家。我一看到它们俩，就兴奋了。看它们一只没长毛，全身粉红粉红的，可爱极了。另一只已长了一些毛，身子圆圆的，像一个小圆球。

每天，我把米饭一粒一粒地喂给它们，还用小布给它们盖着，到了晚上，看它们俩睡觉也挤在一起，真亲密呀！

过了几天，我带着两只小麻雀出去透透气，因为光顾着玩了，放在一边的小麻雀被一只公鸡看上了，当我发现时，其中一只小麻雀已被公鸡叼在嘴里了，我生气极了，喊道："快把小麻雀还给我，你这只臭公鸡！"可那公鸡还是不放小麻雀，我急了，于是就追赶它，用石头砸它，等我把小麻雀救下来时，它已经不行了，我伤心地哭了。因为这件事，我下定决心，一定要养好另外一只小麻雀。

从那以后，我不敢再带小麻雀出去了，并时时照看它，选用软软的布给它做床，给它提供最好的服务，我就像它的贴身保镖一样，随时保护它的安全。

四五天过去了，一天早晨，我发现小麻雀没有像往常一样发出唧唧的叫声，我跑到客厅一看，原来，小麻雀已经静静地死去了。是我什么地方做得不好吗？还是什么地方伤害了它？我心里很难受，恨不得拿自己的命换回它的命呀！

也许小麻雀是野生的，它是大自然的精灵，应属于大自然。我虽然给了它们许多的爱，可我的爱对它来说，却是一种伤害。唉！爱，有时是种伤害。

"青橄榄"的滋味

戴欲晓

080

去年，在昆明上大学的表哥回来了，他给我带回了一袋青橄榄。我接过橄榄，心想：表哥真好，又给我带橄榄了，我可喜欢吃它了。

咦，这次的橄榄包装怎么这么简单啊？只用一个透明的塑料袋装着，而且橄榄的颜色也和以往不一样，一个个都是青色的。可是，嘴馋的我管不了那么多了，我撕开袋子，拿出一颗塞到嘴里。一口咬下去："哎哟！"这味道涩得我舌头发麻，眼泪都快流下来了。我一口吐了出来，又去漱了好几杯水，才感觉好一点儿。我把青橄榄一扔，对表哥说："哥哥，这是你从哪儿买的伪劣商品啊？根本不能吃。"哥哥看着我的狼狈相，大笑起来："这个不是什么伪劣商品，是正宗货。"说着，拿起了一颗塞进嘴里，说："是正宗货，味道不错！"我惊讶地问："什么味道啊？""甜！"我简直不敢相信。

哥哥见我疑惑，便递过来一颗，说："你再尝尝，刚才你还没有尝到青橄榄的真正味道就把它吐掉了，这次好好尝尝。"可我一想到刚才的滋味，就浑身直打冷战。可我又想到哥哥吃得津津有味的样子，决定还是再尝一下。我先准备好了一杯白开水，然后慢慢地把橄榄放进嘴里，慢慢地嚼起来。那种味道简直比药还难喝，我想吐出来，但我又想到了哥哥说的话，又忍住了，继续嚼着。慢慢地，味道竟好些了，嘴里溢满了甘甜的味道，还很清爽。哥哥笑着问我："你知道吗？你刚尝到的味道就像是生活的味道，有涩也有甜，但幸福的生活只属于勇敢者。"

是啊，幸福的生活只属于勇敢者，不经历风雨，怎能经历彩虹？

与尴尬相逢

孙运辰

081

天阴沉沉的，倒霉的我与尴尬不期而遇，都说"狭路相逢，勇者胜"，可与尴尬相逢，该怎么办呢？

近来，冷风又吹起来了。一向患有季节性鼻炎的我不幸发病了。每逢上课时，我的鼻子总是嗡嗡作响，实在忍不住时再拿一张纸来冲一冲，引得老师总是对我"横眉冷对"，大家也是摆出厌烦的样子，让我十分尴尬，但"身患重病"可怜的我又有什么办法呢？这不是，现在鼻子又难受了。唉！尴尬总爱与我相逢，我也没有办法啊！

记得昨天晚上我回家时，骑着小车驶向车库。咦？那里怎么有辆车停在我家门口，可恶！但走近了一看，原来是咱家的车啊！唉，老爸也真是的！虽说停咱自家门口没错，但妨碍了我停车啊！我走到门口，这时旁边车库的阿姨也回来了。"哪个人停的，太没素质了！都挡着我停车了！"阿姨吼道。

我尴尬地笑了笑："呵呵。"阿姨啊，那就是我家的车啊，但您叫我怎么说得出口？

"你讲讲这个人是不是很没素质，停车都停到别人家门口来了！"阿姨一脸怒气地对我讲。

"对，对。"我低声附和道，心里却不是个滋味。为此，我还目送阿姨离去，心想，万一她给我家车踢上几脚那不就悲剧了？幸好阿姨还是很文明的，没有做出这种事。唉，尴尬为何总是与我相逢呢？

生活中，尴尬还有很多。像吃饭时饭喷到了别人碗里，误食了别人的"御膳"……总而言之，尴尬太多太多，数也数不清。

与尴尬相逢，看似巧合，却非巧合，看似倒霉，却非倒霉，可不是吗，因为它才导致了与那尴尬不期而遇的我。不过呢，从另外一个角度来看，与尴尬相逢对我也是有益处的，它能锻炼我的应变能力，让我吸取经验，让尴尬的事不再重演。

082

天仍旧是那么黑，我的日子也还是那么过。与尴尬相逢，也多了一份乐趣，多了一份精彩。但我还是希望能少和它相逢，因为，我不想总是生活在尴尬中啊！

与再见相逢

乔安那

> "离别没说再见，你是否心酸转身寥寥笑脸，不甘的甘愿……"
>
> ——题记

时间就这样一点一滴过去了，像一匹白马，化作白色的虚影。秒针、时针、分针毫不疲惫地旋转，仿佛永远不会停息。

教室里很安静，偶尔耳边会传来低低的耳语声，但很快，笔尖刷过纸面疯狂的"沙沙"声盖过了窃窃私语，课间隐藏着不安分的躁动。这就是我所在的班级，真实的班级。

搁下笔，抬眼望望身边这一张张稚气未脱的脸，不知为何，鼻子就酸了。

2017年真的来了，也就意味着我们要毕业了。细数日子，只有一百来天了。一百天后，我与同学们分离；一百天后，我与同学们说再见；一百天后，我们要奔赴不同的学校；一百后，我们将开始一段崭新的校园生活。但不知道为什么，没有期待只有不舍。

该到了说再见的时候，也许现在说再见尚早，但我知道，一百天太快了，那只是一百天，不是一百年，时间总会有尽头，离别终将到来。

还记得那时，我们初次见面，相互望着一张张陌生的面孔，不言语，只是笑笑，抑或是打声招呼，没有太多交集。

还记得那时，我们渐渐相熟，我才知道，璇是个学霸、乐是个"话痨"、佳是个笑话制造者、伟是个"女汉子"，还有太多太多，实在说不完。正因为有她们、他们，我的初中生活才会这么美好。

还记得那时，我们一起哭、一起笑、一起跑、一起闹、一起干"缺德事"、一起摆剪刀手、一起……体育课上，我们曾手拉手摆成一排跑步，占了一整个跑道；美术课上，陶指着自己的画对别人说"我的画除了丑点儿，其他都还好"的场景依旧历历在目；还有那次，我明明画的是果园，郭非说我画的是虫子，气得我瞪了他好久，终还是笑了出来；还有那次，那次……以前的一点一滴都是我记忆里实在美好的布匹。

还记得那时，期末考前一天傍晚，我和我的小伙伴们奔向小花坛找四叶草。那时的一惊一乍、一颦一笑、一蹦一跳，互相"攀比"依旧印在我的心里，挥之不去，现在想来，仍不禁会心一笑。

还记得那时，每个人都有自己的"法号"：面白心"黑"的花哥、好脾气的"朱大肠"、搞怪的"光头强"……连我也没幸免于难，得了"乔挨骂""china""小桥流水富安娜"的种种绰号。我想，也许长大后，同学们再次相聚，忽而一声绰号，会不会打破生疏又勾起我们的少年回忆呢？

一切的一切，都不会重来了。一切的一切，都变了。那时的场景只能是脑海里挥之不去的影像，就做最美好的回忆吧！一百天后的分离，我连想都不敢想。也许，在一百天后新的学校，忽然瞥见一抹看似熟悉的身影，还以为是我认识的谁谁谁。到了现在，我才知道，一幢楼到另一幢楼的距离，原来只有几年。

再见与不再见，我都会好好珍惜。2017年枫叶飘落的那天，我们分道扬镳。我们像两条有一个交点的直线，在一瞬间相遇，下一秒道句再见，即使短暂，也已足矣。只那短短两句话，却使我不禁落下泪来……

荷塘里的鱼

张瑛瑛

那天下午，我站在闺密家的门前，抬起手，想要按门铃，但手却迟迟没有动，手臂就这么僵持在半空中。最终，还是放下了手，把手插回口袋，准备回家。

"嗡嗡"，手机在口袋里不安分地振动着，我拿出它，发现是闺密打来的电话，正犹豫着要不要接时，门突然打开了。我紧张得往后一退，手紧紧抓着书包带，俨然一副做贼被抓的样子。不一会儿，门后走出来一个中年男子，他看到我时，脸上也显得有些惊讶，但还是对我友好地笑了笑，亲切地问我是不是来找他的女儿艾梦（闺密）的。我急忙摇了摇头，嘴里含糊不清地解释着："不不不，我……我……是去找我的同学，她也住这儿。"说完，我尴尬地扯出一个笑容。他又笑了笑，然后就转身下楼了。

我长长地吐了一口气，靠着墙，打了闺密的电话："我像只鱼儿在你的荷塘……"尽管听了很多次，但每次仍然会被这个铃声逗笑，不一会儿，电话里传来甜美的声音："喂，到啊了？""到你家了。"我一字一句地说着，"你不说你家爸妈不在家吗？为什么你爸刚刚又出来了？""嘿嘿，才回来的，刚刚又出去了，你碰到了？""嗯，所以啊，我回家了，下次再来好了。""别呀，我爸妈又不是魔鬼，又不会吃了你，你来都来咯，就进来玩会儿吧，等着，我来接你。嘟嘟……"电话那端传来一阵忙音。我无奈地扯了扯嘴角，把手机放回口袋。门猛地被打开了，我又一次受到了惊吓，待看清来人时，我狠狠地瞪了她一眼，她调皮地吐了吐舌头，拽着我就进了屋，对着沙发上的人说："妈，这是我朋友，今天到我家里玩儿。"她妈妈温和地笑了笑，我乖巧地打了声招呼："阿姨好。"她妈妈说："你好啊，你的成绩比宝宝好，以后要多带带她呀！"我紧张地点了点头，笑了笑。"好啦，我们回房吧。"说完，闺密便又拽着我走了。

关上房门，我如释重负地叹了一口气，直直地躺在床上说："宝宝啊，姐姐跟你讲一件事啊……"然后，我就把看到她爸的情形复述给她听。她就张大嘴巴，然后邪恶地笑了笑，说："哈哈，你完了，我爸一会儿就回来了。"这回轮到我张大嘴巴，我拿起书包，就准备走，她一把抓住我，说："姐姐别走啊，让宝宝好好侍候你吧！"随即便开始挠我痒，一边挠一边叫："宝宝是你叫的吗？""砰"，有开门的声音传来，我们停止了打闹，她忽然大叫起来："爸爸，你快来啊，家里来客人了！"我吓得急忙捂住她的嘴巴，把她按倒在床，可越来越清晰的脚步声在向我说明着，我完了！

门把被转动，时间在此刻似乎变慢了，门被慢慢打开，一个人走了进来，闺密从床上爬起来，甜甜地叫了声："爸！"我只感觉得头皮发麻，抬头便看到她爸那惊诧的脸，我不好意思地低下了头，像一只吞下一整个茶叶蛋阻在喉咙里，脸上被涨得通红，还滚烫滚烫的。一句话也都说不出来。"是不是没听清楚啊，没事，你们玩得开心啊！"说完，闺密的爸爸便关了门出去。我总算松了一口气，摸摸脸，还是滚烫的。我白了一眼身旁笑得放肆的人，再把头埋进被子里，恨不得从窗户跳下去。

临走的时候，我低着头和她爸妈打了声招呼，也不敢看他们的脸色，就点了点头，逃似地走了。

以后，每当闺密和我提起这件事，心里还是感到很尴尬，然后就抬手给她一个"暴栗"。这就是那一次我与尴尬的"相遇"。

拆不开的礼物

王怡然

那一天，还是小的时候。淳送了我一份拆不开的礼物。

我使劲儿用手撕，用美工刀割，甚至用火烧，都打不开，"也不知道这盒子和缎带到底是用什么东西做成的……我都做到这个地步了都打不开……"我小声抱怨着，他只是微微笑着，看着我。

就像各种各样的小说里面一样，我们幼儿园时认识了，小学时明明隔了好久没有见面，却还是一下子就认出了对方，甚至可以准确叫出各自的名字。我们不是一个班的，彼此之间也很少见面，只是在生日那一天，会赠送一份特殊的物品，而这一年，他送了我一个拆不开的礼物。"果然你还是和以前一样的古灵精怪啊。"我笑着，把盒子放在桌子上，他也笑，但只站了一会儿，脸色就已变得苍白，我赶紧扶他坐在椅子上，他也只是休息了片刻，就立马回了自己的家。

这次见面以后，又是很长一段时间的沉寂。在云淡风轻的下午，我会心血来潮拿起礼物盒，继续用各种稀奇古怪的方法尝试。不止一次，我问他到底怎么才能打开，他不发一言，只是笑。

因为见面次数屈指可数，所以按照套路，本来两个人都应该很珍惜见面聊天的机会，但是，继上一次的会和之后，我们吵架了，原因是我送他作为生日礼物的那本漫画。

我看到他时，他正在公园的长椅上坐着，手边放着杯果汁，嘴巴正在咬着皱皱的吸管。我捧着他的那一份拆不开的礼物跑了过去。趁他不注意的时候，我拿起了他身边放着的我给他的漫画书，只随便翻了一页，就看见了大片大片的油渍和用马克笔故意画上的一个个图案。我黑着脸问他怎么回事，得到的只有支支吾吾的回答："是我借给同学时，他不小心搞上去的，对不起……"我没有怎么生气，但是就是觉得很别扭。大概是无心，他随口回了句："不就是一本书吗，大不了下次我给你一本。"我不发一言，只是简单表达了个"再见"之后就回了家，连那个礼物盒都没有带走。

然后就是漫长的冷战，莫名其妙的，两个人就这样生着闷气。期间只有一次，有人敲了大门，我从猫眼里面却没有看见人影，因为惧怕是坏人，就没有开门，等到晚上出门散步的时候，才发现，那个顽固的打不开的紫色盒子，就静静地躺在大门前的空地上。

此后，就再也没有淳的消息，我再一次去他家大门敲门时，开门的是一个陌生的老太太，听她说他们一家前几天才搬走，我愣住，虽然这段时间一直没有联系，但是作为朋友，连一个道别都没有。"也许他还在生我气吧，是我无理取闹了。"我叹气。

然后，是三年后的某一天，母亲忽然拉住我，试图让我想起几年前的那个小伙伴，她和我说，淳的母亲告诉她，他几天前因为身体的原因离开了这个世界。

我愕然，虽然一直知道他身体不好，总是生病，但是怎么这么突然……我愣着坐在角落里，忽然像想起了什么事一般，开始疯狂地挖角落堆着的一摞盒子。我在找他三年前给我的那个拆不开的礼物，那是唯一和他有关的记忆。

尽管有好几年没有擦拭，但是紫色的盒子依旧和三年前一样，就像是刚刚拿回家，这一次盒子的缎带稍微松动了，我用力扯了好久，才终于扯开一个口子，撬开礼物盒后，映入眼帘的是一本画集，全部是他的画，里面满满都是写生，更多的是象征着阳光与希望的向日葵。

画集里面夹着束黄色鸢尾花，我只看了一眼，明明不伤心，却感觉到有一滴水滴到了花瓣上。

黄色的鸢尾花，代表的是永不消散的友谊。

三年前，他送了我这个打不开的盒子，三年后，我终于可以把盒子打开，但作为朋友的两个人却永不能再见面，礼物盒已然破碎，朋友之间的联系已被拆开，然而，我们的友谊，永永远远是一份拆不开的礼物。

爸爸，对不起

鲍书吉

"女儿！""爸，什么事？""你去洗一下碗，你妈颈椎又疼了，我来给她按摩一下。""啊？！又是我干？""特殊情况嘛！""好吧，我就知道又是我倒霉。"我垂下头乖乖去洗碗。

洗完后爸爸又叫我了："女儿！地脏死了，快扫一扫！"我的不满膨胀开了，赌气地拽过扫把，嘟着嘴扫了扫。刚放下扫把，爸爸又发号施令了："女儿，倒一下垃圾！"我生气了，大叫："我不干！什么事都叫我干，把我当佣人啊？！"说罢回到房间，摔门而去，窗户都瑟瑟地抖起来。

过了一会儿，爸爸敲了敲门，问："我能进来吗？"我还在气头上，不予理睬。爸爸见没动静，打开门进来，赔着笑说："好女儿别生气了，这不特殊情况嘛！哎，我们定个协议，明天你洗碗、扫地、倒垃圾做这三件事，晚上回来我就买菜包子给你吃，好不好？"天哪，是我最喜欢的菜包子，"嗯，菜包子？好好好！"一向自认为坚强的我经不住诱惑，惭愧啊！

"洗碗、扫地、倒垃圾，一、二、三，好喂！都干完了，包子我来啦！""丁零零……"一阵电话铃声把我拉了回来。"女儿，你弟生病了在医院吊水，我们晚些回来。""喂喂，爸，我包子呢……"

"女儿我们回来啦！"我赶忙跑过去，只见刚吊水的弟弟脸色苍白，爸爸一脸疲倦地送他回房。"爸，我的包子呢？你要我干的事全干了。""包子，嗯，包子，嗯。"爸爸吞吞吐吐的。"你没买？你不守信用！"我没听爸解释就冲回房间，蒙在被子里哭。

"姐，你哭什么呢？"弟弟一脸疑问。我哭诉道："爸，爸说给我买包子，可他没买，呜呜……""包子？哦，忘了告诉你，本来爸买了包子，我病了饿得厉害，就偷偷吃了，还被爸一顿臭骂。怎么他没跟你说？"

"我……"我愣住了。

原来，爸爸并没有忘记给我买包子的事，只怪这贪吃的弟弟！爸爸，对不起！

爸爸，我想对你说

王静雅

　　爸爸，不知何时我和你渐渐生疏了许多，每次看着你严肃的脸都会不自觉地将嘴边将要说出的话吞回。这次，我想对你说说心里话。

　　记得小时候我就不敢和你说话，第一次见你也是哇哇大哭。小学时，我期末考试考得满分，一回家就兴奋地往你身上扑，满脸期待地将试卷高举，等待你的表扬，可你却没有多大的反应，只是轻轻地扫了一眼就去忙自己的事了。这对当时的我来说打击相当的大，又奈何自己太固执，便一人跑进房间哭泣。到最后好像是妈妈回来安慰我、鼓励我，使我的虚荣心得到满足才没有再哭。好像自那以后，我一在学校遇到什么事就只告诉妈妈，对于爸爸你是很少说话的。

　　后来随着我渐渐长大，与爸爸你的关系愈来愈淡了。一次，他开车接我回家，路上闲着无聊的我一时没忍住，便和你说起学校里发生的趣事。果然没说几句你就发火了，一会儿说我这个不好，一会儿说我那个不认真。当时的我不禁翻了个大白眼，心想真冤啊，下次还是不能主动开口说话啊！随后只能一路上默默无语，只感觉空气中流动着一种尴尬的气氛。这种气氛一直到下车时看到周边热闹的环境才慢慢消散。

　　所以，爸爸，我想对你说。在平时生活中，可以适当地开开玩笑；活跃一下气氛；可以不用总是板着脸，可以笑对每个人；可以心情愉悦的倾听他人的讲话与分享趣事，而不是严肃地打断他人的话语，扰乱他人本该愉快的心情……

亲爱的爸爸，这就是我要对你说的话，话不多，只望你能理解我。我希望可以和你心情愉悦地对话。

纯白色的爱

莫文婕

092

生活中，人们多喜欢五彩缤纷的颜色。而我却对纯白色情有独钟。

小学时，那抹纯白带给我温暖。

在一个寒潮突袭、寒风凛冽的冬日，我穿着单薄的外套，哆哆嗦嗦地赶在上学的路上，寒风如尖刀般刮过我的皮肤灌入我的身体。突然，只听见身后有一个熟悉而急促的声音响起："等一下！"我转过头，是妈妈。妈妈一路小跑，大口地喘着粗气，带着埋怨口气说："天气这么冷，怎么不多穿一点儿？"妈妈把衣服递给我，我接过衣服，突然发现那衣服很温暖，心里感觉更温暖。妈妈今天不是要上早班吗？就在她匆忙转身的瞬间，我发现妈妈的头发早已被寒风吹得凌乱不堪。突然，妈妈猛一回头，叮嘱我一句："记得吃饭！"我看着她渐渐远去的背影，再低头看看手里那件纯白柔软的羽绒衣。突然明白：那抹纯白，是爱。

七年级时，那杯纯白给予我力量。

去年，临近期末考试，我总是复习到深夜10点多。那天，妈妈轻轻地扭开门锁，静悄悄地走进我房间。我记得妈妈原来走路是有声音的，怎么现在没了呢？就在此时，我闻到了喷鼻的奶香，妈妈端来一杯热牛奶给我。她眯着眼轻轻地吹凉，放下牛奶的那一刻，我忽然注意到她那原本白皙光滑的手已是布满了褶皱，蜡黄而沧桑，刻满了岁月的印记。我看得很心疼，妈妈却轻松地说："把牛奶喝了吧！"那杯熟悉的纯白让我精神一振，我看了看妈妈，她一脸微笑地看着我，喝一口，甘甜和温热蔓延全身，立刻浑身充满力量。我明白：那杯纯白，是妈妈的爱！

现在，那根纯白让我热泪盈眶。

前几日，跟妈妈一起看电视，看到一个好笑的情节，想跟妈妈分享。我转过头去看欢喜的妈妈，突然发现了妈妈头发中的几根银丝，在黑发中显得很是刺眼，我不禁伸手去拽。妈妈笑眯眯地对我说："怎么了，是看到我的白发了？"我兴冲冲地回答道："妈妈，要不让我帮您拔了吧！"我小心地拔起一根，递给妈妈，妈妈盯着那个银丝叹了一口气说："哎，人老了！"在帮他梳理头发时，越往里翻白发越多。我凝视着妈妈的白发，想起她平日里为家里辛勤付出的一切，心里不禁酸涩难忍，眼眶儿也不自觉地湿润了。我明白：那根纯白，也是妈妈满满的爱！

严寒冬日里妈妈送来的羽绒衣，夜深人静时妈妈捧来的热牛奶，刻入眼眸的妈妈的白头发，这些都深深地触动了我的心灵，让我感受到母亲对我的无私的爱。我想，那些纯白色的爱将永远陪伴着我，点亮我心中的世界。

爱 海 滔 滔

金 娜

那是一年夏天，天气很热，那灼热的阳光照射着大地，大地仿佛口渴极了，地面像要干裂了。我只好顶着酷暑去学习古筝。我家离兴趣班不是很远，不一会儿工夫就到了，我推开门，看见有两个孩子也和我一样，又渴又热。这时，老师还没有来，我们已经等得不耐烦了，我们在房间里又叹气又埋怨，老师也真是的，既然家住在合肥，为什么还跑到庐江来谋职呢？

正当我这样想着，"咔嚓"一声，门开了，老师来了。我们赶紧坐到各自的座位上，听老师的教导。只见老师慌慌忙忙地跑进来，满头大汗，看到老师这副狼狈不堪的样子，我既想笑，又笑不出来。"对不起，同学们，我来迟了，你们等急了吧？我们赶紧上课吧！"老师十分抱歉地说。"不，老师，您还是歇一歇吧，您看您淌了这么多的汗呢！您到底怎么了？"我说道。只见老师整理了一下身上的衣服，擦了擦额头上的汗，对我们说："我今天中午在合肥教其他小朋友时，不知不觉晚了十几分钟，我饭都没顾得上吃，就直接搭车到庐江来了。谁知在下车时，我太急了，抢着先下车，把脚给扭了。"老师边说边揉她那扭伤的脚。

听到这里，我的心一动，若有所思，老师不也和我们一样顶着炎

炎烈日吗？老师更辛苦啊！我不再埋怨老师了。"老师，我们帮您揉揉吧！"有同学小声提议道。

"不用了，谢谢你们，我已经好多了。"老师笑着说。

我们沉默了，过了一小会儿，我对老师说："老师，您就让我们揉吧，要不我们就不上这堂课了！""对，要不，我们就不上了！"其他同学附和道。

老师顿时愣住了，手悬在空中一动不动，额上的汗珠顺着她的脸颊流了下来，而那汗珠却像泪珠一样饱含深情。或许那本来就是热泪吧！她对我们说："好吧，你们这么一唱一和，不让你们揉，还不行了呢！"我们都笑了。

许许多多的爱融汇在一起，就是"爱海滔滔"。

095

风筝线上的温度

　　而我就这样越来越大，风筝线越放越长，也不再如初放时东倒西歪。只是那执风筝线的人多了起来：老师、同学……他们都会在风筝迷路时，轻轻地把风筝线拉回原轨。

　　可那一双双手残留在风筝线上的温度，却是烙在我心上了。

从此，我不再放弃

周慧欣

在漫漫的人生旅途中，每个人都有选择放弃的时候。而从那以后，我，不再放弃……

一个风和日丽的早上，天气晴朗无比，阳光轻抚着我，我一如既往地早早来到学习，在上完第一节课后，老师温和地把我叫到办公室，而我却傻傻地以为是我做错了事，内心十分忐忑……

来到办公室以后，老师的神情放松，高兴地看着我，我也放松下来。她从抽屉中抽了一张纸，上面好像写着什么字，她温和地望着我，说："这次区里组织了一次奥数比赛，一个学校只有一个名额，而老师们非常看重你，就把这一个名额给了你，希望你好好努力哦，最近要做多一些题目哦！"

我顿时喜出望外，内心十分高兴，一整天都紧抓着这张纸，内心久久无法平静。

同学们都非常鼓励地说："加油哦，争取为校争光哦！"

回到家，我就激动地把纸递给父母并向他们讲解，从他们的脸上看出了喜悦的神情。

这几天，我都在认真地做题。就在比赛的前一天晚上，爸爸来到我的房间，对我语重心长地说："你能去比赛，我们都非常欣慰，而我要告诉你的是，在比赛时千万不能过度紧张，放松最好，如果遇到实在不会的难题，那就谨记爸爸给你的一句话'山重水复疑无路，柳暗花明又一村'。"我激动得点点头，心中不胜感激。

比赛那天，老师陪同我来到比赛现场，我显得十分淡定。

来到座位上后，爸爸的话时时在我的耳朵回响……

比赛终于开始了，我拿到试卷，"唰唰"地写起，前面的题我都非常拿手，但到后面，我就开始犹豫：这道题目，A和B到底选哪个呢?我把这题先空着吧?

越到后面我就像热锅上的蚂蚁，既着急又紧张，因为那些题我都有点儿拿不准，但我时刻铭记着爸爸的那句诗，绞尽脑汁地去想，但都没有结果。

就在我要放弃的时候，我想：不能就这么放弃，这些题大多都是拓展题，但能给我们做，也一定是我们力所能及能写的啊！我不能放弃！趁现在还有时间，要抓紧想！

我开始从多个方法、方面去思考，终于，我找到答案了！

后来的比赛结果非常好，大家都为我感到高兴。

放弃，有时是一种不负责任的行为，当你想放弃的时候，不要担心，要勇敢地找到方法去面对，并有一颗勇敢的心，这样，你的困难就会迎刃而解！"山重水复疑无路，柳暗花明又一村"，从那以后，我不再放弃！

从此，我不再孤独

李艺嫒

孤独是一个小水池里只有一尾鱼；孤独是在有很多人的地方，身边却没有人相陪；孤独是在你和他游荡的街头站立，你茫然无措。

我，就很孤独。我独身在幽幽灯光下写作业，我独身徘徊在空空荡荡的房间，无论做什么事，身边却无朋友相伴。

寂寞笼罩着我。

然而，在那个晴天，在那个房间里，我遇见了它。它是一只洁白如雪的兔子，是一只活泼可爱的兔子。刚来我家时，它还很小，小巧的身体像雪绒球一样蜷缩在为它量身定制的盒子里。从此，它是我的小伙伴，也是我的朋友。

它像一缕冬日的阳光，洒满了我冰封的心田，令我不再感到孤独。

小兔子有着一身如雪般美丽洁白的毛，火红的眼睛像一块晶莹的红宝石一样镶嵌在脸上，长长的耳朵总是懒洋洋地趴在后背，可爱极了。它来到我家后，我不再感到孤独，是它给我带来了许多欢乐，弥漫在周围的，是幸福与快乐的香味。

它的到来，似午后暖阳，如黑夜月光，像晨曦微芒，比雨后春光。于是，我在难受的时候，再也不怕无人倾诉；我在无聊的时候，再也不怕身边无人与我玩耍；我在寂寞的时候，再也不怕身边无朋友相伴。

　　有一个下午，我又与寂寞狭路相逢。无聊得很，我就在家里随便走走。正好路过了小兔子的家，神奇的事悄然发生了：我看到小兔子身子一仰，前肢搭在笼子的上面，居然就站起来了！它的身子随着我的走动而移动，水汪汪的大眼睛撒娇似的一直望着我，好似想陪我玩耍。我就打开了笼子上面的门，它抬了抬头，我饶有兴趣地看了看它，蹲下去了。只见它尽力压低着自己的身体，随即后脚一蹬，穿过笼子上面的门，跃进我的怀里了！它还不时地蹭着我，努力地挤进我的怀里，我被它天真可爱的那副模样逗坏了，会心一笑。它蜷缩起来，前肢搭在我的衣服上，舔我的衣服，我好奇地把手放在它的唇下，它就扭头去舔我的手，好有趣啊！

　　看着怀中的小兔子那副萌萌的样子，我的孤独一扫而光。那美好时光，像一只温暖的手将快乐捧至心灵的最高点，永不坠落。

　　因为你的到来，寂寞孤独悄然离去，它们已化作一缕轻烟从我窗前飘过。从此，我不再孤独。

101

关　　注

李思彤

　　爸爸常常会喜欢看新闻，以至于在单位里不会被OUT；妈妈常常关注一些关于英语的栏目，这样便能学到一些新知

风筝线上的温度

识，我呢？

——题记

美国总统会被人关注，街头乞丐也会被人关注。大街小巷，无奇不有，无时无刻，都会引来人们关注的目光。

我，是喜欢恐怖刺激的女孩儿，在网上，我会关注一些稀奇古怪的图，贴吧，奇文异事，但有时，也会被某些事感动。

曾在网上看到过，一个流浪汉，只有一个很破很破的小屋子。一个下午，他听见路有孩子的哭声，走近一看，是一个被遗弃的女婴。

流浪汉不敢将她抱走，因为他知道，他自己也是泥菩萨过河——自身难保，更何况，再加上一个负担。汉子想了又想，来了又走，终于，下了决心要养孩子成人。

从此，他省吃俭用，努力地，尽量地去赚钱，孩子也十分懂事，成绩是全班最好的。

可就当他们过得还算幸福的时候，灾难悄悄来临，就在小女孩儿小学要毕业时，不幸得了血癌。

钱全花光了，汉子只有向社会求助，记者发布消息，这一对毫无血缘关系的父女，得到了不少人的关注，同时也获得不少捐助。

但悲哀的是，幸运女神迟迟不肯来帮助这可怜的女孩儿。

时间慢慢过去，女孩儿知道自己快不行了，于是写了封遗书交给记者，上面说，捐助的那笔钱去帮助别的可怜孩子，还让爸爸不要为她而伤心。信的结尾写着这么一句感人的话"我走了，但我曾来过"。

多么懂事的孩子，眼角有些液体。

我希望，关注那些需要帮助的可怜孩子，因为，他们比那些奇文异事更值得我们去关注。

这样的感觉真好

房立瑞

常常想象着，升学后的场景……

这样的感觉真好！

早就知道，未来的初中有许多门课程，有许许多多的知识等待着我们。一想到这个，我的心中就无比兴奋，无比自豪。

我想象着……

上学的第一天，我骑着自行车向那神圣的地方驶去。心里甜甜的。

曾经，我常以崇敬的、羡慕的目光看着初中的大哥哥、大姐姐，常常会缠着楼下的大姐姐给我讲初中的故事，仿佛我也是他们其中的一名。

第一节课是语文，老师讲的知识点十分重要，是考试必考的，我紧张得连眼睛也不敢眨一下，生怕那眨眼的瞬间，老师讲的知识会顽皮地溜走。

下课了，我一改以前的顽皮与放纵，坐在位子上，踏踏实实地去看"ABC"，认真地去看语文书上的优美语句，细心地品味历史的悠久。

紧张的一天下来，虽然有些忙碌，却又充满了学习的愉悦，心里有一种前所未有的充实感。

数学课上，我一个公式也没有放过，记在笔记本上，晚上回家，看着记得满满的笔记本，内心也被装得满满的。

晚上，吃过了晚饭，我就投入了战斗，笔是我的枪杆，题目就是我强大的敌人，直到把敌人全部消灭。我才长长地叹了一口气。

眨眼间，已经过了几天，虽然有些劳累，但是为明天，还要义无反顾地战斗下去，这时，妈妈的微笑与老师的教导成了我战斗时的援军，给了我力量，给了我信心，给了我前进的勇气。

看着作业本的红"√"，心中无比高兴，几天的劳累都一扫而光，心中剩下的只是成功后的喜悦与兴奋。

"生物、地理、历史、政治"都是我们从未进入的领域，就像有一种神奇的魔力，这四门课勾起了同学的兴趣，都喜欢下课时，看看生物书或政治书。

虽有些劳累，心中却总感觉很好，因为能学到更多知识，探索更多不了解的世界。视眼也会变得宽阔。

这样的感觉真好！让我们带着美好的希冀，一路向前！

放飞亲情的风筝

钱嘉丽

天空一片湛蓝，各种五彩缤纷的风筝在空中如同一个个小精灵欢乐嬉戏着，引得无数人仰望天空。

每当这时，我都会情不自禁地想起我的爷爷，想起爷爷放上云端的那只风筝。

爷爷个子高大，精瘦的脸上有一对时常笑得眯成一条缝的眼睛，一头花白的头发上掺杂着几缕黑发，显得十分沧桑。他有一只力大无比的右手，而左边的手臂却被全部截去了，靠一根已经陪伴了爷爷很多年的拐杖支撑着身体。这只手臂什么时候失去的我从未找到答案。只是有一次，他偶然提起，微笑着对我说："在抗日时期，为了保护全村人的安全，我只能把自己当诱饵引鬼子进了山，没想到，老天爷可怜我呀，把我的一只左臂取去了，留下了我奄奄一息的生命。"但笑着说完，心里却也不好受，我的心头似乎总有一团黑雾笼罩在心头，但心里却对爷爷更加佩服、敬重。

但是，留给我印象最深的还是爷爷带着我们一群孩子在草地上放风筝的情景。

爷爷拄着拐杖，把右手腾出来拿着风筝，一阵风吹来，他大喊一声："放！"便不断放着手中的线，孩子拿着风筝替不方便奔跑的爷爷快速跑动着。风筝在爷爷的手下越飞越高，爷爷脸上的笑容也越来越灿烂。爷爷自制的纸糊老虎风筝气势汹汹地直冲云端。爷爷抬头仰望天空，注视着那明黄色的大老虎在风中翱翔。爷爷语重心长地说："我希望你们像这只老虎一样不惧艰险、勇往直前。"我的心中顿时立下誓言：长大以后，像爷爷学习，为国家奋斗！

离爷爷去世已经有两年了，倘若他还健在，一定会严格地监督我的学习，教我自制风筝，可是，他已经离我而去，在天堂注视我的所作所为，那只独一无二的风筝被我视为珍品，每每注视着那只饱含亲情的风筝时，我就想起爷爷拄着拐杖的那高大的身影。

风筝线上的温度

陶瀚雯

至今记得儿时有次随父亲一起去放风筝。正值春天，草长莺飞。我开心地笑着，跟着父亲跑前跑后，看他如何把风筝放起来。

“飞起来啦！飞起来啦！”我欢呼着，并请求道：“爸爸，我也想放一会儿，行吗？”父亲想了想，将风筝线轴小心地放到我手中，叮嘱道：“不要用手抓线，知道吗？”“知道！”我高声回答。

由于怕风筝线断，我既不跑，也不把线放长，如木头人一般站着。风筝被短短的绳线束缚着，不一会儿便摔在地上。我只好拜托父亲再放一次。

再放，仍不跑不放线，不久风筝就重又摔下。“怎么老掉下来呀？”我不太高兴，噘着嘴去找父亲，一定要问个明白。

父亲听完笑而不语，重新把风筝放飞。这次，他没有立即把风筝给我放，而是让我看一会儿，学一学怎么放。我虽不太高兴，但还是妥协了。

只见父亲又跑又跳，不时把风筝线放长，不时又拉一下，风筝越飞越高，并飞得很平稳。我在心里小小的崇拜着父亲。“看懂了吗？”“嗯！”父亲这才把线给我，且在一旁看着我放。

我学着父亲，不再因害怕而将风筝局限在小小的一片天地中，而是放手，让它飞，在适当的时候拉一下绳子。虽放的不及父亲，但较之前两次，已好了很多。

"爸爸！不错吧？"父亲看我一脸骄傲，摸摸我的头，却说了与这个问题毫不相符的话："小妹啊，放风筝，就是要让它飞，不但飞得高，而且要稳，不偏。只有这样，风筝才能飞得更久、更好。"说完父亲从我身上移开视线，眺望更远的地方。

只可惜当时年纪尚小，未能明白父亲意思，只是单纯的为父亲不回答我而感到生气。现在想来，父亲所说的话中，又何尝不饱含着对我的期望呢。

而我就这样越来越大，风筝线越放越长，也不再如初放时东倒西歪。只是那执风筝线的人多了起来：老师、同学……他们都会在风筝迷路时，轻轻地把风筝线拉回原轨。

可那一双双手残留在风筝线上的温度，却是烙在我心上了。

父亲的目光

胡晶晶

灯火忽明忽灭，你的目光亮若青漆。

还记得《红楼梦》中，宝玉为逃避父亲清算学习，装病躲过。每到那时，我都怀着和宝玉一样的心理，却不能因装病而躲过。

我的父亲是一个和蔼的人，我看着他的笑纹一道道加深，看着他因笑时，眼角的皱纹。但从小天不怕，地不怕的我，唯独害怕的却是我的父亲。

我不安地站在桌边，双手死死地绞着，眼神飘悠不定，窗外平静的湖面不能平复我心中的波浪，淡淡的黄昏反倒让我的内心更加惶惑。我不停地向你的方向瞟过去，每每看到你在桌上不停敲动的手指，又似触电般地缩回目光，装作漫不经心地移向窗外。

看夕阳一点点儿没入天际，窗外归于一片黑暗，才觉得室内的灯光如此刺眼，心中更加不安。再向你看过去，只看到你毫无表情的侧脸，在灯光的照映下，如同镀上了一层银边，像是一尊严肃的雕像，这是一尊象征着权威的雕像……

我忽然觉得莫名地委屈，像是积压了许多的恐慌一次喷发，眼眶里立刻氤氲起浓浓的雾气，闪着晶莹，显露在我愣神之间，你忽然转头过来看我，四目相对，你只是淡淡一瞥，可知道我是用了多大的勇气没有错开目光。

你的目光直射在我的脸上，两眼如古井般深邃无波，深黑的瞳仁如同两颗闪闪发光的黑宝石镶嵌在眼中，每个瞳仁里在灯光的反射下各呈现了一个亮晶的月牙，在那月牙中，我看见了我的身影。

忽然发现，那闪着微光的月牙中，有无尽的温柔，像是一池春水包裹着我在他眼中的倒影，我忘记了委屈，就这样呆呆地看着他。

他将我的作业本随意掷在桌上，在桌上敲打的手指也插进了口袋，是那么冷静而郑重地看着我。忽然，他长叹了一口气，像是被瞬间抽去了所有的棱角，那目光中点点的都是笑意。"我来给你讲一下这些题……"他向我招手。

灯火忽明忽暗，你的目光温暖中严格。

爸爸的八哥

房　木

家里很早就养了一只八哥，我和它，很像。

年龄的增长，越来越少有时间去逗它，爸爸却一如既往，关心的时间很多，我呢，仿佛真的不那么重要了，竟在一只八哥面前失去了光彩。

每次回家，爸爸便是蹲在八哥笼前，一句一句，不厌其烦地说着："你好，你好……"那亲切的声音，不用看，也能猜到他的表情。每次远远地望着那场面，虽然八哥不懂，但是我却是懂的。

越来越多的不满与愤怒积压在我的心里，我知道，它就像一座活火山，随时会爆发。

一点一滴的积累，一天一天的忍耐，终于，我真不想再做一个沉默者。

一次模拟考试之后，正在逗八哥的爸爸问我："这次考得怎么样？""你不是很少问吗？看你的八哥去。"我转身就走，身后的爸爸只是小声地对八哥说了几句："怎么不叫呢？怎么只会模仿音调，音色怎么老学不会？"

或许，是我明白得太晚，也说不定呢？

走进阳台，笼子上有一星半点的血迹，走到笼子前，仔细一瞧，原来八哥的爪子不知为什么破了，忍不住嘟哝了一句："太不小心了，就和我一样。"话刚从嘴里蹦出来，我就吃了一惊，又忆起那日早已被我忽略的话语："怎么不叫呢？怎么只会模仿音调，音色怎么老学不会？"顿时，我怔住了……

脑海，有这样一段画面浮出来……

"你好，你好……""好好好……"爸爸的声音大得我在房间都能听见，无法集中，悄悄地躲在那堵墙后注视，阳台上正在上演的故事，"好好，恭喜发财……"爸爸的专注态度开始就很明显了，随着爸爸声音叫了两下，接下来的便是它那圆溜溜的眼睛望着爸爸。

第二天早晨，醒来得特别早，睁开眼，书桌旁坐着一个人，一辨认，的确是爸爸，一刹那，又明白了什么，就像在阳光下的我，爸爸在我的影子里，默默地望着我，我不知道，可他却永远知道一切。

晚上做作业时，从对面的房间传出向我这房间这个方向的脚步声，在门口停下。从来都没有为他感动过，而这下子，眼眶却也承受不住泪水的重量，一颗一颗，如珍珠般悄无声息地落下。

110

每当他逗八哥的时候，八哥是知道的，而我才是那个什么都不懂的人。

或许，爸爸最在乎的八哥是我。

读书，我的最爱

程　曦

清晨，我喜欢手捧书卷放声诵读于家门前的竹林，心旷神怡；夜晚，我喜欢端坐于窗前伴着柔和的灯光沉醉书海，惬意无忧。多少次我五体投地般钦佩着名家们的神思妙想，多少次我也在幻想中驰骋着我自己那笨拙的文笔……

小时候，我住在外公家，每天清晨，外公都会带着我去小河边散步。初春的天，和煦的风，清新的空气，夹杂着泥土与野花的清香。我光着脚，踩着柔软的泥巴，听外公那一句句引人入胜的诗歌，从最早的"白日依山尽，黄河入海流"到后来的"看庭前花开花落，望天上云展云舒"，细腻柔美，令我心醉。也许就是从那时，我与书结下了不解之缘。

畅游无垠的书海，我像是一条自由的鱼，对那里的一切都倍感惊奇，我喜欢那里的静谧安详抑或是狂风巨浪。

我曾流泪于雨果的《巴黎圣母院》；感动于莫泊桑的《羊脂球》；惊叹于罗贯中的《三国演义》……在书的世界里，我的好奇心得到了满足，心灵得到了净化。捧着一本书，仿佛是面对着一个知心的朋友，让我收获着交流的兴奋与快乐。

忘不了黛玉葬花时的凄凄美美，闭上眼，还能想起那"花谢花飞花满天，红消香断有谁怜"的美景；忘不了徐志摩夜游康桥时的依依不舍，合上书，仍能听到耳边有人轻叹："轻轻地我走了，正如我轻轻地来，"那份眷恋，犹是感动。品味余秋雨，笑谈塞万提斯，欣赏托尔斯泰……太多太多的名人名著让我感动。我如沙漠中饥渴的小孩，得到了甘甜的清泉，顿然间便是欢畅淋漓。

初读海子，便迷恋于他的"我只愿面朝大海，春暖花开。"那份美丽，至今仍是记忆犹新。他的《日记》，我反复吟诵，他对姐姐的纯洁感情令我动容。他的才情与胸襟也诠释着他对生活的热爱与豁达。

在书中，我增长了知识，明白了道理，满足了身心。现在的我，也学会了爱生活，懂得了宽豁待人。

书山茫茫，书海缈缈，情结于书，无怨无悔。

读书，我永远的最爱！

书香沁心甜

陈芷晴

读一本好书，就像品一杯香茗，甘甜可口，回味无穷；读一本好书，就像做一场美梦，随心所欲，驰骋遨游。翻开书页，远离喧嚣，静静地嗅着那清香的文字，这时，我的灵魂就会完全沉浸在那墨痕勾勒的意境里，各种情感也会不由得翩翩而至。

阅读对我而言，似乎总有一股魔力，当我接触到书本时，我就会被流光溢彩的书卷深深吸引，每天都沉浸在浩瀚的书海中无法自拔……

还记得最初让我爱上阅读的，是妈妈给我买的各种文学杂志：《少年文艺》《青年文摘》《趣味语文》……真是应有尽有。它们就像一块块磁铁，无时无刻不吸引着我。俗话说："英雄难过美人关"，我是——"书虫难过好书关"。

接着，我开始慢慢接触图书馆里的书，那些书使我思绪万千：《新月集》让我尝到了童真的滋味；《稻草人》里悲惨的结局使我不禁眼泪直流；《爱心树》使我感受到了浓浓的爱阅读让我废寝忘食，让我忘记了时间，也忘记了自己，所以大家都爱叫我"小书虫"。

记得有一次，我正在看着书，看得不亦乐乎！妈妈怀着无可奈何的语气对我说："别看书了，看一会儿电视吧，放松一下。"而我却毫不领情，头也不抬地说："看电视无益，而且我不用放松，我只想看书。"在一旁的外婆笑着说："别人孩子的妈妈都是说：'别看电视啦，看一会儿书吧。'而我们家却是说：'别看书啦，看一会儿电视吧。'真是新鲜！"

前些时间，要准备期末考试，那时的我，同样渴望看书，而妈妈，好像偏要和我玩拉锯战——她不给我看书，只许我复习功课。当时我太痴迷读书了：吃饭脑子里想的是书，睡觉时想的也是书。有一晚，我睡觉梦见有一个好心人，递给我一本书，我还没来得及说"谢谢"，他就不见了。我欣喜地看着书的扉页，闻到一股淡淡的书香，就被喜悦冲昏了头脑，惊醒了。那天晚上我一直没睡着，觉得一定是书仙托梦给我——当时我不免有些"痴人说梦"。

精美的书籍啊，你就是那启迪心灵的缪斯女神；精美的书籍啊，你就是划开冰床的春日暖流；精美的书籍啊，你就是沁人心脾的甘甜泉源！

我与书的美好时光

余沙蔓

书是人类进步的阶梯，书是知识的海洋。我喜欢各种类型的书，如科普书、童话书、纯美文学、动物小说等等。一捧起书，身边的一切都是灿烂的，寂静的。沉浸在书的喜、怒、哀、乐之中，我感觉时光是那样的美好！

读四年级时，妈妈送给我一本《最后一头战象》，我开心得不得了。放学一回到家，我把书包一扔，就迫不及待地读起来，读得如痴如醉、读得乐不思蜀。

过了一会儿，妈妈走进来说："孩子，先写作业吧！"我极不情愿地放下书，不耐烦地喊道："知道了！"妈妈生气地说："你怎么和妈妈说话的?作业是必须先完成的，知道吗？"我低着头默不作声，深知自己做错了。妈妈给我开出了本周之内不能看书的"处罚决定"。我有错在先，只能甘愿认罚！

过了两天，我的心里就开始痒痒的了。趁着妈妈在工作，脚不知不觉地走到了书房，虽然我知道如果我违背规矩，我将会被抄三十遍古诗，但是却阻挡不了我那颗爱读书的心，就算一百、二百、三百遍，那又何妨呢？"嗵、嗵、嗵"，熟悉的脚步声传来，"不好，妈妈来了！"三十六计，走为上计。因为太过惊慌，额头一下子撞到了书架上，顿时，我只觉得眼冒金星、头疼得厉害！

顾不上疼痛了，我匆匆忙忙跑出书房，与妈妈撞了个满怀。妈妈看看我的神情，再看看我额头上的大包，心疼地说："孩子，你看看你，这么不小心！额头都被撞肿了，妈妈以后不再限制你看书就好了！"我偷笑起来，对妈妈说："妈，那我先去看书了！"妈妈严肃地回答："不行，头还没擦药呢？"我拍拍脑门，自言自语地道："噢，知道了，该不会是被撞傻了吧！"妈妈笑着说："不会的，只要爱看书，你会越来越聪明的！"

还有一次在书城，我一边走路一边看书，不知不觉走到了电梯口，妈妈赶紧轻轻地拧了一下我的耳朵，我才回过神来。母亲语重心长地说："爱看书是好事，但边走边看，可不好！因看书而导致近视或是磕到、绊到，那就得不偿失了！"我立正站好，郑重其事地说："遵命！母亲大人！"妈妈忍俊不禁，爱怜地说："你这个小淘气包噢！只要一沾上书，就拿你没辙了！"

这些都是我与书的美好时光！读书的日子是那般澄静，那般闪亮！在成长的道路上，我将继续与书为友，畅享阅读好时光！

不是我不懂时尚，是时尚太时尚

鲍书吉

"妈，我回来啦！"我撞开门后扑向沙发，书包都顾不得放下，就急忙瞪大眼睛，像饥饿的人扑向面包般如饥似渴地读起一本时尚杂志来。

妈妈拿着菜刀从厨房冲出来："臭丫头，一回来就制造噪声，吓我一跳，我还以为恐怖分子到我家来了呢！真是的，回来门都不关。"妈妈关上门，看我一动不动地坐在沙发上，只有眼珠嘀溜地转，以为我中邪了，急忙走到我身边，拍了我一下，我不耐烦得嚷了一句："别吵。"妈妈恼了，一把抓开我的书，我抬头一看老妈手上拿着的刀，结结巴巴地说："妈……你……你要，干什么？"妈妈自顾自地翻我的书，说："一回来就看这玩意儿？"我不高兴了，抢回我的书，用手指戳戳封面，说："这是时尚！时尚！"妈妈不理解地摇摇头。于是，我也故作遗憾地摇摇头，凄惨地说："又是一个不懂时尚的文盲！"妈妈愤怒地扬起菜刀，吓得我赶紧闪人，逃回房间。

中午吃午饭时，老妈在门口"发功"——河东狮吼加上无敌铁锤，我的房门受到重创，而我却无动于衷，连一句话也不说。老妈的小火山彻底爆发了，但就在这千钧一发之际，老姐死缠烂打地拖走了她。我轻轻地把门打开一条缝，真是有惊无险！便猫着脸偷偷端走了我的饭碗，却没发现黑乎乎的一隅有一个人在奸笑。

第二天，天气格外冷，冰天雪地的世界像一个大冰柜，人在里面似乎都能变成冰棍。我赖在床上不起来，心想这大冷天的，谁出去啊！但我的这种想法很快被打破了。只见老姐身穿白色毛衣，外加白色大衣，下身却在长筒袜的包裹下，再套着一件超短裙，脚上一双长筒靴，正缓缓走向我，我惊讶得下巴都快掉了，她却扬起处变不惊的笑容，拿起我的时尚杂志翻看起来，我大叫："我的个神啊！你干什么呀！姐！这么冷的天穿这么少！"老姐白了我一眼："不懂时尚！"然后又缓缓地走了，丢下石化的我。

第二天，姐姐就发烧、感冒、流鼻涕，我站在房门，看着裹着被子的姐姐的狼狈相，不禁感叹："幸好我没进入时尚的深渊！"忙着给姐炖鸡汤的老妈睁大眼，恼怒地说："你姐还不是为了你！"姐忙捂住妈妈的嘴，不安地看着愣住的我。

"我回来了！"我又像前日般看起书来，老姐仰天大叫："不会吧！"我一下笑出声来，将书递给她："是《读者》！"从厨房冲出来的老妈和我大笑，姐也尴尬地扯扯僵硬的嘴角。

不是我不懂时尚，是时尚太时尚，找寻属于我的时尚，才最时尚。

感 恩 的 心

钟金玥

今天，是"三八"妇女节，老师要求我们回家为妈妈做一件事。做什么事呢？我冥思苦想，终于想到了一件事：帮妈妈洗脚！

吃过晚饭，妈妈要洗脚了，我抢先去拿盆，对妈妈说："老妈，今天我给你洗脚。"妈妈爱用温水，我就把水温调热一点儿。因为我把水开得太大了，喷了我一脸水。我赶紧把脸上的水擦干，又往盆里放了点凉水。一摸，热热的，正好。我就把水盆端到了妈妈面前。

妈妈的脚刚伸进去，我的手已等得不耐烦了，也伸了进去，对着妈妈的脚使劲地搓了起来。左搓搓，右搓搓。突然，我发现妈妈的脚上有一块红色的疤痕，就问："妈妈，这是什么？"妈妈淡淡地扫了一眼，说："没事，这是你小时候把热饭弄洒烫的。"我这才知道我小时候非常调皮，妈妈这么爱我，我却把饭弄到了她的脚上，我真是太不懂事了！过了一会儿，我想出了一个恶作剧，我用手指头挠妈妈的脚心，把妈妈痒得哈哈大笑。

该擦脚了，我先提着妈妈的裤脚把妈妈的脚提出来，再用毛巾轻轻地把脚上的水擦干，两只脚很快就擦完了。

洗完脚，妈妈开心地对我说："玥玥，今天我过得太幸福了！"

母亲的微笑

刘　欢

阳光安静地洒进窗户，母亲的面庞被镀上了温暖如金的光圈，那一刹，嘴角微微上扬的弧度，脸上浅浅的笑意，成了这个夏日午后绚烂美丽的风景……

我常常幻想着自己降临人世时母亲脸上的微笑。那笑容，该是比蒙娜丽莎的微笑更动人的吧。幸福和喜悦变成两个弯弯的嘴角挂在母亲的脸上，在那一刻，似乎拥有了全世界，变成了最幸福的人。想着，我的心也笑得无比开心。

有人说，每隔三岁，便出现一条代沟，这样一算，我和母亲的距离似乎成了无法跨越的湖泊。而母亲的微笑就成了助我渡湖的小舟，一路上都是温暖的春天。春风吹着小舟，带着我前进，拂过我的面颊时，似乎还留着母亲微笑的温度。

母亲喜欢听我讲话。看我在她身边眉飞色舞，神采奕奕地谈论着。她总是嘴巴微微张开，拉上一个很小很小的弧度，眼睛里全是温柔的笑意，那样慈爱地注视着你，偶尔"嗯"一声，表示赞同。好似我就是母亲身体的一部分，此生此世都不能分离。只要我在她的身边，冬天也会远离门外。

过了最后一个儿童节，我与母亲的争吵也多了起来。我似乎总是喜欢挑出母亲话的错误，争论一番，母亲的微笑被我遗忘了。那渡湖的小舟，亦孤单地靠在岸边。

一日午饭，我与母亲话不过五句，便争了起来。母亲烦我不该问那么多无意义的问题，我则无所谓地更加坚定地表示："问问题是我的自由，答不答是你的自由。你若不答可以沉默。"

这样的一句话惹恼了母亲。我继续吃饭，平静得异常。我的思绪漫无目的地飘游着，回过神来，碗中已多一块鸡肉。

"这菜谁夹的？"我随口一问，那边母亲就不禁笑了，和以前一样温暖，熟悉的春风吹过我与母亲之间，带走了寒冬，冰冷的气氛随即消失不见。一瞬间，春暖花开。母亲的笑意像一束温暖的阳光，直直射进我的心田。

我知道，我的小舟仍在岸边等我。也许该过岸，看看那边的草长莺飞。

枫叶的思念

张婵媛

又是一个秋日的傍晚，残阳如血，枫林尽染。我漫步在遍地枫叶的小路上，任秋风肆掠起我柔软的发丝，看那枫叶轻柔地零落，再任秋风飘卷向远处，我记忆的思绪也随之飘飞向远方……

"香蕉是苹果最好的朋友！"这是我对小玉立下的一个不算誓约的誓约。小时候，是栀子花一般纯洁的季节，我们住在一个单位的大院里，小玉胖，我叫她苹果，我很瘦，她叫我香蕉。

那时，由于小，所以爸妈管得不严，加之我俩关系特铁，白天常一起溜出去，领导着一帮小屁孩疯玩，尽情地享受着积木的智慧，毽子的美姿，皮球的欢跃，风筝的扶摇，魔方的多变，跳房的轻盈，七巧板的绚丽……那种喜悦真是喜不自禁，至今还叫我怀想不已。

夏天，晚上，我和小玉背靠背坐在石凳上，仰头数着天上的星星，讲述着自己从长辈那里听来的故事和自己的梦想，有时，小玉有兴致了，她会唱起她最爱唱的歌："遥远的天面/虽失去声线/但这些全都可记忆中再现……"她唱的歌有些伤感，但很好听。而我，不会唱歌，只会随着她的音乐撒开手跳舞，那时我们都很开心。

秋天来了，枫叶也红了，我俩特喜欢在那枫林的小路上漫步，采集那种红透了的枫叶，因为小玉说那种枫叶最能寄托思念。说真的，我也挺喜欢这种枫叶，因为它红得就像小玉的脸颊。

后来，由于她爸爸工作调动，在她搬家的那天，她送给我一片鲜红的枫叶，上面写道："苹果是香蕉永远的朋友！"

分手后，尽管我们还住在同座城市，可她在二中，我在四中，一个城北，一个城南，很少有见面的机会，虽然我们也联系过几次，可由于师长的管束，学业的压力，我们的交往是越来越少，以至渐无音信。

去年的秋天，那是一个黑色的周末，突然传来噩耗：小玉因为白血病，在社会各界的倾力抢救中，却因为手术感染而去了……

那一刻，我痛彻心扉，我觉得好孤独，好寂寞，就像一只在友谊沙漠中迷失了方向的羔羊。我知道：我和小玉再也不能走到一起，再也不能靠近距离，再也不能一起玩游戏、数星星、采枫叶了，哪怕是

120

仅有一次！我失去了今生中最亲密的伙伴，永远永远！

枫林中渐渐地变得灰黑起来，我拾起脚边的枫叶，掏出笔，在那血红的枫叶面上端端正正地写下："香蕉是苹果永远的朋友！"我把它捧在手上，任秋风吹起，带着我悲伤的思念飞向远方，我希望她能收到……

妈妈的"回马枪"

吴浩淼

早餐桌上，我睡意蒙眬，眼睛昏沉沉的，吃着面包，心中暗想：过会儿再睡个"回笼觉"。

"儿子，今天，我有点儿事，要出去。你在家里好好待着，别玩电脑，把作业做完。"妈妈猛然冒出一句。

"哦！"我漫不经心地回答，但随即打了一个激灵，"什么？妈妈要出去？"我瞪圆双眼，狐疑地望着妈妈，脑子也变得清醒起来。

"怎么？有问题吗？"妈妈奇怪地看了我一眼，问道。

"没……"我连忙否认，生怕妈妈改变主意。不经意间，我瞥见妈妈眼里闪过一丝奇怪的光芒。

二十分钟后，我兴奋地目送妈妈出门，然后，站在阳台上，看她身影消逝在巷子尽头。"咦？车子怎么还在下面？"盯着楼下的电瓶车，我想。平时，妈妈都是骑车出去的啊！我抓抓头，不再去想，快速地奔向电脑房。

　　"爽啊!"坐在电脑前，我先浏览一番网页，然后开始玩自己心爱的游戏，手里还拿着平日里被妈妈严管的零食。时间一分一秒地过去，我玩得越发投入，浑然不知"危险"正在一步步靠近……

　　"砰——"突然，我被一声关门声吸引，"什么情况?"跑到客厅一看，我脸色傻白。门前，妈妈正一脸铁青地看着我。"不是……下午才回来吗?现在，才十一点啊!"这时，在脑海中，浮现出妈妈出门前的眼神，我明白了:这是妈妈的"回马枪"!

　　"都说了不玩，怎么还玩?"妈妈冲我气愤地吼道。我不敢顶嘴，低头站着。"你怎么可以这样啊!说话不算数!"妈妈继续训斥我。我一脸羞愧，转过身，默默地走进房间。

　　中午，餐桌上，妈妈做了许多好菜，可是我吃不下。沉默了一会儿，妈妈叹口气说:"儿子，妈妈今天是凶了一些，可你要理解啊!做人不要当面一套，背后一套。你看，小小年纪，就这样!……"以前，我十分迷恋电脑，以致成绩直线下降。妈妈苦口婆心地劝我好多次，可我就是管不住自己……

　　妈妈没再多说，径自走进厨房。我一个人坐在桌边，想着，想着，心中很不是滋味。慢慢地，我明白了妈妈"回马枪"的用心，那是母爱的"回马枪"啊!

　　妈妈的爱，像一条鞭子，在我犯错时，不断地鞭策着我，教我如何做人。

当考试试卷发下来时

赵子淇

"丁零零……"上课铃终于响了起来，这是我第一次听它时这么兴奋，也是我第一次如此渴望上课——因为这节课要发语文期中考的试卷，这也是第一次公开公布全班成绩，也是因为我的语文成绩总是名列前茅。

我怀着一颗十分激动的心坐在我的位置上，装出一副很淡定的样子，不断地看向门口，盼望着老师的"闪亮登场"。

终于，老师来了。当然，最引人注目的还有老师手上那一沓厚厚的、雪白的、发亮的试卷。

"好，同学们。我现在按成绩和排名来发试卷，不过，这次九十五分以上的和不及格的名单要一起公布。好，先从六十分的开始……"老师慢慢地开始念名字。

我当时十分想对老师用快进键，但，那是不可能的。

最后，我的名字还迟迟未出现^

终于，名单只剩下九十五分以上的和不及格的了，我在心底窃笑着——试问班里有谁不知道我语文成绩是达到"一览众山小"的境界的？没有。基本上，我的语文成绩都是稳居榜首的，当然，我觉得这次的第一也非我莫属。

123

风筝线上的温度

不过，上天手动地泼了我一盆冷水，老师的一句"没有九十五分以上的"把我从我的美梦中赶了出来。

"这么说，我就是不及格了？"我在心里想，"不可能，我我怎么可能不及格！不可能，一定是假的，对！肯定是！"我抬起头，不知何时，老师已来到了我身边。她把试卷递给了我，并说："唉，你怎么会考这么低呢？唉，算了，你好好反思一下吧！唉……"我双手颤抖地接过了试卷，雪白的试卷上那鲜红的"50"显得十分的刺眼，似乎在嘲笑着我只考了50分；周围的同学都看着我，似乎在用着那像剑一般的眼光在讽刺着我这个语文"学霸"，让我恨不得找条地缝钻进去。

语文课上的时间过得越来越缓慢了，后半节课，老师说的，我竟一句也听不进去——即使其中包含着她安慰我的语句。后来，老师越讲越激动，我也越来越激动，最后眼泪夺眶而出。是啊！这，为什么会这样？我发疯似得一遍又一遍地看着上边的红叉叉，一遍又一遍地看着试卷上那刺眼的"50"。我咬着唇，一直等到有一股血腥味才放过了它。

那一次，当考试试卷发下来时，是我心中的一道疤痕，是永远抹之不去的。

当考试试卷发下来时，我既震惊又害怕。但，这毕竟是我自己写的啊！现在回想，如果我当时在最后的十多分钟里检查一下试卷，是不是就没有这么多错误了？唉……

一个"坏孩子"的自传

张姗姗

俺的名字叫王小宝，小名宝贝儿，本人成绩并不赖，就是有点儿调皮，每次打架的人中必会出现俺的身影，所以每次都被老师一顿臭骂。骂的时间长了，俺的皮也被老师骂厚了，对老师深刻教育也爱理不理。因此，被老师划进了"坏孩子"的范围。

俺的家庭还挺富裕的。爸爸妈妈开着一家不大的公司，整天为着公司的业务忙碌着，没有空暇的时间管我。有时候闲一点儿，就会问我试卷的分数下来了没有。考得好嘛。爸爸说："我家宝贝儿真棒，奖励你二百元钱！"考得不好，可就惨了，会把俺一顿臭骂，一顿毒打。反正我已经习以为常了。

自从老师不再管束俺，把俺归进"坏孩子"行列，俺便更加肆无忌惮。这次数学没考及格，俺不想回家，我明白回家又逃脱不了一顿毒打。想着想着，俺不知不觉来到了游戏厅的门口，是进去还是不进去呢？俺鼓起勇气第一次进入了游戏厅，在里面发泄了一切的烦恼和不快，感到轻松愉快。

可想而知，回家的后果……

但是俺抵挡不住游戏给俺带来的快感。俺开始没日没夜地打游戏，逃课，离家出走。俺不想到学校看老师板着的脸，回到家看看冰冷的墙壁，俺不想！

在这里，俺认识了一些和俺年龄相仿的狐朋狗友，罢课，在街上无恶不作，臭名人人皆知。就这样俺彻彻底底的变成坏孩子。最终，俺被公安局抓了进去，看俺是未成年人，对俺进行了思想教育，把俺给放了。

这时的俺后悔不已。俺恨爸爸妈妈为了赚钱而不管自己的儿子，只知道打骂；俺恨自己，不懂事，误入歧途。

现在的俺，已经在向好孩子的标准前进。父母呢，在家待的时间也变长了，也不再用武力来对付俺了。

俺是王小宝，是"好孩子"宝贝儿。

第一次养猫

谭翠林

有时候一静下来总会想到以前的事。蓦然回首，几年前养过的那只黑白小花猫的可爱模样依旧历历在目。回忆像是疯长的藤蔓，缠上了许久未曾疯狂跳动的心房。那是我永远也忘不了的童年回忆……

那是一个凉爽宜人的金秋，徐徐秋风中夹杂着些许的凉意。微风略略拂过面颊，面上微微有些疼，像是爷爷粗糙的大手抚摸着。

"嘿，"爷爷爽朗的笑声突地闯进了耳中。"来看看我给你们带回来了什么！"爷爷一边笑着一边迈着步子走进了屋，手里还提着一个用黑布遮挡住了的竹篮子。

我和弟弟在屋子内的木板床上正玩着上一次爷爷从集市上买回来的小玩具，一听着爷爷这句话立马放下手中的玩具，鞋也不穿，打着赤脚就跑了出来，一脸"献媚"地望着爷爷，"爷爷，这次带回来的是什么好东西啊？"

奶奶嗔怪道："老头子，就你那么宠着他们……不过，既然买都买了，这次又带回来什么东西啊？"奶奶也觉得好奇极了。爷爷则一脸神秘。

奶奶刚说完，一声脆生生的"喵"便从爷爷手中盖着黑布的篮子里传了出来。顷刻之间我和弟弟便激动不少。

"是猫啊！"我与弟弟异口同声地喊道。

爷爷笑而不语，手唰地一下把黑布扯了下来。

一只有着黑白斑点的小猫映入眼帘，"来，我瞅瞅。"我上前一步接过竹篮子，篮子很轻，它正蜷缩在竹篮子的小角落，眼睛还没有睁开，嘴巴微微张开，大概是只出生没多久的小奶猫吧。"好可爱啊。爷爷你真好！"为了表示感谢，我扑了爷爷一个大满怀。

爷爷憨憨地笑着，挠了挠头，摆摆手说："小事儿。"

年少的我可不懂，一只小猫的价格够爷爷在外忙活半天了。

那天过后，我和弟弟就正式成为了小猫的两位小保姆。爷爷奶奶出去务农了，我俩就在家里帮着小猫收拾"嬉戏打闹"后的残局。

每天的清晨，小猫咪都变着花样地叫醒熟睡中的弟弟——比如说直接上床把脏兮兮的"肉垫"印在弟弟的脸上。弟弟醒来后还一脸茫然不知，顶着一张带着"黑梅花"的脸，常会把刚外出做完农活回来的爷爷奶奶逗笑了。

……

正值秋收，我们每天乐此不疲之时，爷爷奶奶们也一并在田地中"面朝黄土背朝天"地收获着一年来的农作物。于是——

"爷爷奶奶你们回来啦！来享受一下小猫的按摩技术啊？"爷

爷奶奶一回来，我俩就立刻拉着他们央求道。

爷爷挥挥手，言语中饱含宠溺地说："好好好，马上就来。"说着便将手中的工具放在客厅角落，走到沙发旁坐下。

我和弟弟去卧式把小猫抱来客厅，站在爷爷奶奶的背后，拉起小猫咪的肉爪子往爷爷身上挠去。

"爷爷！爷爷！舒服吗？"我急不可耐地问。

爷爷一连点了好几下头，直道："舒服舒服……"

……

快乐的时光总是如流水般逝去得那么快。

不久后，爷爷走了，年迈的他终是没能熬过那个北风萧萧的寒冬。令人万分后悔的是我和弟弟那时都去了外地读书，没能及时见到爷爷下葬前最后一面。父母、奶奶和亲戚们都瞒着我和弟弟，没有告诉我们。只是模模糊糊地说，爷爷只是去别的地方了，要很久很久才能回来……

或许，久到黑暗的那天来临了，才能再见到爷爷吧。

那个充满了无数欢声笑语的小屋子随着爷爷一起走了。如今已经装满了寂寥。爷爷去世之后，我本想借小猫来怀念爷爷，可是在爷爷走后，小猫没多久也跟着去了。那是我养的第一只猫，我想也是最后一只。

曾经的那座小屋盈着欢声笑语与简简单单的热闹，而如今小屋却只剩下了奶奶一人。曾经有着爷爷相伴的屋子总是干干净净、一尘不染的，但自从爷爷走了，奶奶也无心打理这个只剩下她一个人的老房子和那几亩地了。她只给自己留下了篱笆围起的那一小片菜地，里面种着一棵爷爷亲自栽下的黄桃树。

"奶奶，爷爷到底去哪儿了啊？"

"哦……那个老头子啊……他……他去了一个很远的地方……"奶奶望着篱笆旁丝瓜架下的竹篮子，似是对我说，又似是喃喃自语。

童年的记忆总是充满着幻想与凄凉。

天真与无邪充斥了我整个童年。等到真正的真相来临之时，伤口又会一阵阵的隐隐作痛。

"众里寻他千百度，蓦然回首，那人却在灯火阑珊处。"我多么希望，能像辛弃疾那样，蓦然回首，所寻之人，即在那阑珊灯火之下。

那片杂草丛生的记忆中将永远地生活着一只黑白相间的小猫与它的几位主人。

我的阳光依旧

想从前，吾遇开心之事，常不顾风范，咧嘴大笑，两眼眯缝如细丝撅发，将"笑不露齿"的古训抛之脑后，其豪爽之气毕露，如绿林好汉，坐拥如男子气概，笑声分贝之高，实属世上罕有，胜于高音之王帕瓦罗蒂有余。

我的明星梦

王若尘

　　老爸爱电影，我也爱电影，根据基因遗传学的原理，我们肯定是父子。以此类推，老爸喜欢施瓦辛格，我也同样喜欢他。

　　老爸的一位朋友开了一家影碟店，老爸去买，八折优惠呢！他家我去过，那是影迷的天堂。进门的第一个柜子就是施瓦辛格的影片集，我也是在那儿第一次见到他。最上面一张是叫《终结者Ⅱ》，封面上的他，黑马甲，散弹枪，一脸威严流露着霸气，这也是他在我心中的标志形象。

　　老爸买下了它，另外还有《真实的谎言》和终结者的另外两部。回家又可以过一次影瘾了，哈哈！一顿小跑回家，打开心爱的DVD，开始了屏幕前的科幻之旅。

　　第一张当然是第一眼看到的那部《终结者Ⅱ》喽！施哥主演了一位来自未来的机器人，这部电影给了我震撼，未来的人类会与机器人一战。人类，用血肉之躯抵抗钢筋铁骨，我不禁为影片中的人们捏了把汗。未来人类领袖约翰·康纳是铁人的眼中钉，铁人们的时光机器让他们想要在过去抹杀他，TX101型铝合金铁人来到了过去了，施哥作为人类代表，将与它有着不可推辞的一战，机器与血的融合，冷酷与仁爱的交替都与科技造就了一场场动人心弦的画面，看完后，脑中还留有那种种画面。

似乎导演将我与他融在了一起，虽然有些幼稚，可对于年幼的我来说，那是不可缺少的。片中的施瓦辛格可以徒手砸倒一面墙，我似乎也有这股力量，虽然我也知道是机器才造就他，我只是普通人，但我还是想试试。

我找到了一面不算太结实的墙，土堆的，不过很厚。运气，还有模有样地对准了那面墙。三、二、一，轰的一声，我的拳头准确地砸在墙上，力道不错，可墙纹丝不动，手，完了……

那天中午，我眼中含着泪水来到外婆家吃饭，是的，我又哭了，的确，我太不自量力了，我明白科技才能改变一切，要是想要力量，先脚踏实地努力学习，将来再打算吧！

以后的日子里，每当施瓦辛格出新片时，我是必看不可，他高大的形象的确给了我目标，虽然不愿当演员，可学习他电影中的品质是十分不错的。现在施瓦辛格在美国任州长，退隐江湖的他，似乎让我有些遗憾，不过，我永远不会忘了他。

读着明星的故事长大

蔡文丽

"喜欢一件衣服，可能是它的款式，喜欢一首乐曲，可能是韵调，但喜欢一个人是不须要理由的。"这是一部偶像剧中的台词。

生活中，我喜欢田维好像也不需要任何理由，仿佛，命中注定，一个向左，一个向右，迟早会相遇。

一次无聊的时候，随意翻开了一本《读者》，其中有一篇文章《提前的祝福》，那是田维在母亲节那天向母亲的祝福与感恩她十多年来养育自己的辛酸。这篇文章是她教我的第一堂课。

那天，和妈妈闹了矛盾，她叫了我一声，我也不应，一副臭脸摆在妈妈面前，她无可奈何地走出我的房间。不知为什么，脑子里突然想起了那篇《提前的祝福》，想起田维的话……顿时，觉得有点儿对不起妈妈。那次，田维教会我怎样去爱护母亲，尊敬母亲。

在田维教会我第一节课时，她的文学深深地将我打动，使我迫不及待地去查阅她的资料。但我不禁潸然泪下，田维是一个普通而不平凡的人，在初中，她便患上了血癌，凭着坚定的信念，终于到了大学。她几乎每天都要写自己的日记，而内容无不是一个感人的小故事。

我知道自己是一个怕吃苦的人，但我喜欢有非常好的柔韧性。所以我，经常会练练瑜伽。

每一次，虽然下了很大决心，但都会半途而废。而这一次，我想到了田维，忍着病痛的样子，接受化疗的痛苦样子，那苍白的脸，虚弱的身子是一颗坚强的心……这一次，我忍了下来，因为，田维教会我怎样去坚强。

田维已经不在世上，她留下了一本书，叫《花田半亩》，我会翻看，她教会我许多，使我在慢慢长大……

转角是绿萝莉

张　璇

　　某年某月某日，学堂内。环顾四周，见窗外炎阳流火，闻叶间蝉鸣聒噪，诸君昏昏欲睡，唯师者语若滔滔，口沫四溅。见诸君无听课之意，使学者自习。闻之，诸君一振，顿室内人声沸腾。而吾几欲说话嬉闹，却又抿唇缄口，自岿然不动。

　　旁人谓："汝何以此般安静？"

　　吾笑曰："吾乃淑女也，自当安之若素，岂能与汝等为伍？"

　　少时，蝉愣怔不鸣，四围俱静。遂诸君无一不捧腹大笑，面露鄙夷之色。吾感不自在，无法正色，两颊绯若红霞，两眼忽闪，唇边支支吾吾，无言以对。

　　吾扪心自省：安能淑女也？岂吾不为淑女耶？

　　想从前，吾遇开心之事，常不顾风范，咧嘴大笑，两眼眯缝如细丝擢发，将"笑不露齿"的古训抛之脑后，其豪爽之气毕露，如绿林好汉，坐拥如男子气概，笑声分贝之高，实属世上罕有，胜于高音之王帕瓦罗蒂有余。

　　又忆，男甲对女乙出言不逊。吾本步过以"端庄"之态，极其淑女。偏闻男甲之恶语相向，心中自是不爽，怎可对女生如此无礼？逞英雄去打抱不平，权且救美，不顾形象，三步并两步冲上，目露凶光瞪之，曰："下马威"，然使三寸不烂之舌与之理论，直到男甲无言以对，感其理亏，据同窗之言，吾训甲时，霸气测漏，如王熙凤附体。

总而言之，吾为淑女耶？非也。

吾深感苦恼，见同窗女友亭亭出落，如淑女风范，而吾疯癫如幼年孩童，且死性不改，没个正形。无人以"淑女"称吾。即使刻意笑不露齿，默而不言，以求端庄，苦心经营"淑女"形象，仍难坚持。吾欲成淑女，但难掩性情，何以也？

吾该矫揉造作，以充淑女呢？又或是疯癫如常，我行我素？

一语言之——"纠结"。

其实吧，淑女的名称固然好听，却像给大大咧咧的我套上了一层伪装的硬壳；不做淑女的我，却可以舒展身体，活动自如，不必顾及太多的拘束牵绊。

所以，一切纠结，该不该装淑女，应该有了答案吧。

136

别和自己过不去

阳 至

和别人过不去，会伤害了别人，和自己过不去，会委屈了自己。

记得几个月前的星期天，爸爸妈妈要去爬山。那段时间，爸妈一直给我灌输"独立"的思想，我不以为是。当他们问我是否同他们一起去时，生性倔强的我强忍心中的一百个渴望，一口回绝，还说：

"如果让我一个人留下，不正能给我独立提供了好机会吗？"不知是他们没有"存心"带我去，还是我把他们"说服"了，他们"居然"没有再提，偌大的房屋只留下了我与黑狗做伴，留下了我"无穷无尽"的后悔。

我这是不是和我自己过不去呢？

后来读了这样一个故事：一个奔驰千里，饥疲不堪的官吏与一位几日未餐的得道高僧相遇，共同进入客栈。很不巧，那里只剩两碗面（一大一小）。官吏深知礼节，尽管饥肠辘辘，但还习惯地将大碗推给高僧，高僧没有推辞，很愉快地吃完；官吏又把小碗推了过去，高僧仍照吃不误。官吏这下火冒三丈，本想推大碗时，高僧或许因为过于饥饿，一时忘了礼节，可吃完了小碗又做何解释？于是，他很不高兴地说："你连起码的谦让都不会，怎么称得上高僧？"高僧却笑道："你把大碗让给我，我吃完，是因为吃大碗是我的本愿，你又把小碗让给我，吃小碗也是我的本愿，所以我还没有推让。现在看来，您的谦让是出于真心吗？"官吏哑口无言。

这个故事让我极为震撼，孔融让梨、赵兄争死等故事我们耳熟能详，且传为美谈。但我们往往忽略了谦让也需真心。现在想想，自己有时候也偏离了人的本性，真诚、坦然不是故作姿态。

现在回想，才发现原来曾经有多少次委屈了自己。但是，请您记住——真心并不等于不谦让，永远，我们要有真心……

您还会为一些事和自己过不去了吗？

在欢声笑语中

陈怡然

上个星期，天空中万里无云，我叫来小伙伴在公园一起玩"躲猫猫"的游戏。

大家都知道游戏规则，很快就做好准备工作。

首先，是我当"猫"，来抓"小老鼠"们。我先数了十秒钟，便开始游戏了。没走几步，我眼尖，看见那边草丛中有个屁股露了出来，便赶紧跑过去，一把拍着她的屁股，没想到的是，那人却转过脸来问："小朋友，有什么事吗？"原来，是我看错了。那个人正在那和一个老奶奶聊天，我连忙低下头，说："对不起，我不是故意的！"那人却幽默地笑着说："没关系，小朋友，我还得谢谢你呢！你这一拍把我的老腰都拍直了呢！"我挤出苦涩的微笑，悻悻地地走了。

找寻途中，我心里一直想着刚才那件事。由于心不在焉，我自然找不到"小老鼠"们了。转过一座石桥，我又看见有人趴在草地上。这次，我不敢贸然拍人家屁股了。我睁大眼睛分辨时，突然听到有人不耐烦地说："哎，你说陈怡然怎么这么笨，还没找到我们呢？"我一听，心里暗自庆幸：真是踏破铁鞋无觅处，得来全不费工费啊。看来我一网打尽了。于是我便蹑手蹑脚地走了过去。"哈哈，抓到你们啦！”他们先是很惊讶，然后便说："哦！原来是你呀，你怎么到现在才找到我们呀？”然后我把刚才发生的事一五一十地全部告诉他们，他们听了，一边大笑，一边说我好傻。

大家还在继续地笑，但我在笑声中突然醒悟：不管做什么事都要细心，做人要宽容。想到这些，我的尴尬之心瞬间消失得无影无踪。我赶快跑到那个地方，老奶奶正准备回家，我走过去，扶着她走到了家门口。

背　黑　锅

钟睿玲

小时候，懵懂的我不知道"背黑锅"的意思，闹了一回笑话，至今回忆起来还忍俊不禁。

有一天，我和表姐一起到姑姑家玩，玩得可高兴了。新奇玩具真多呀！我和表姐选择自己喜爱的，各自玩着。突然，表姐"啊"了一声，然后急切地走了过来，抱住我胳臂，附在我耳边，柔声细语地说："玲玲，我不小心把玩具搞坏了，你能不能答应我一件事？"我睁大眼睛盯着着她，疑惑地问："什么事？我可以帮你？"她赶紧说："当然可以！你就替我背一下黑锅吧！"我略微思忖，爽快地答道："这还不简单，包在我身上！"

表姐笑着去看电视了。我想不就是让我"背黑锅"吗？我马上就能办好！我快步走到厨房里，瞧了瞧烧菜的那个大黑锅，不假思索地说："这个挺大的！就是它了！"我用手碰了一下锅沿，哇！好锋利呀！怎么才能把它端起来呢？我抓耳挠腮，正无计可施时，突然，我脑袋灵光一闪，对！就这样。我先找来了两块抹布，搭在锅沿的两边，然后使劲儿地摇晃，用力向上一端。天啦！太沉了！我费了九牛二虎之力试了几次，也没挪动分毫。我擦擦脸上的汗珠，扭头瞧见墙壁上挂着一个炒锅，嘿！有了！我伸手拿住锅柄，再用抹布把锅底的油灰简单地擦拭一下，俯下身子，把锅扣在背上。

　　我努力保持身体平衡，生怕锅掉落地上摔坏了。就在我像个小乌龟一样艰难地挪动着脚步的时候，姑妈回来了。她好奇地打量着我问："你在干吗？"我怯怯地回答道："在替表姐'背黑锅'呢！"姑姑看了看地上的玩具，什么都明白了，拿起我背上的黑锅，拽起我，又好气又好笑地说："你这个小傻子！"

　　我感到莫名其妙，我傻吗？

140

新《三毛流浪记》

唐　璨

　　话说一个冬天的傍晚，三毛流浪到一个小镇。北风呼呼地尖叫着，三毛冻得直哆嗦，紧紧勒住破棉袄，心里想："冻死我了！要是老天爷送我一栋房子和一箱子钱就好了，这样就不会受冻挨饿了！哎，可是天下哪有免费的午餐呢？"

三毛饿得眼冒金花，看人都是双影子，拐过街角，一个趔趄，一头撞上墙壁，"哎哟，疼死我啦！"等他睁开眼睛，你猜他看到了什么？原来真有天上掉馅饼的好事。他撞到的不是墙，而是一座别墅的大门，门楣上贴着醒目的大字：免费入住。三毛高兴极了，用手掐掐脏乎乎的脸蛋，生疼生疼的。哈，看来这不是梦呀。

　　三毛欢蹦乱跳地走进别墅，有两个保姆毕恭毕敬地站在大门旁，面带笑容地说："欢迎先生入住！"三毛来了精神，一昂头，神气地说："站着干啥？还不快去给我弄些好吃的来！"两个保姆应声进了厨房，不一会就端上四菜一汤。三毛顾不上斯文，狼吞虎咽地吃了起来。保姆捂着嘴笑弯了腰，三毛抹抹嘴又喊道："笑个啥，我要洗澡！"不一会儿，三毛就舒舒服服地泡在浴缸里，一连换了两次水，才觉得过瘾，身子也暖和了。洗好后，他穿上保姆准备好的睡衣，睡到席梦思大床上，不一会儿就沉入梦乡。

　　天亮了，保姆送来了几套衣服和一个皮箱。三毛洗漱后穿上一身笔挺的西装，还真帅气呢！打开皮箱一看，啊，一箱子钱！三毛激动得要命，三根头发在头上跳起舞。有好日子过了！三毛把街上那些流浪儿请到别墅，大吃大喝，又唱又跳，玩电脑，打游戏，通宵达旦。

　　玩了几天，三毛觉得不够刺激，就提着皮箱去赌钱。哪知输了个底朝天，还欠了一屁股高利贷。没钱还债的三毛，被几个壮汉揍得鼻青脸肿，一脚踢出了别墅。

　　好像是做了一场梦。三毛长叹一口气，哭丧着脸，又开始流浪。脑袋上的三根头发在寒风中晃悠，晃悠……

开心蚊子大冒险

江君昊

一天晚上，我做了一个奇怪的梦：我变成了一只又小又饿的蚊子。

我飞呀飞，飞到田野里。突然看到一片金黄的稻田里，有几个农民正在收割稻谷，他们干得热火朝天，脸上挂满汗珠。嘿，赤裸着的双臂和双腿，正是下手的好时机。我饿极了，也顾不得许多，冒险一次吧。为了壮胆，我叫上我的伙伴一起分享美味大餐。意想不到的是，几只青蛙快速地伸出舌头，把我的同伴消灭得干干净净。我落荒而逃，大汗淋漓，快要支撑不住了的时候，奇迹发生了！你猜怎么了？原来这几个农民看到青蛙，放下镰刀，把青蛙捕捉到竹笼子里带回家给鸭子吃了。

我躲过了一劫，定了定神，看到这些人累得坐在田埂边休息，准备袭击他们。突然，我耳边响起了轻微的声音，本能地一回头，看到一只蜻蜓正向我飞来。大事不好，我得快逃，否则性命难保。我飞了一段距离，累得气喘吁吁，索性就躲到草丛里。这时，一群孩子从我身边跑过。我偷偷地瞥一眼：一个大孩子带着一帮小喽啰拿着网兜追逐着那只蜻蜓。一张张网兜在空中摆动，把那只蜻蜓晃得眼花缭乱。蜻蜓一不小心，被网住了，孩子们笑得前仰后合。

哈哈，真是吉人自有天相，我命大福大造化大哦。天赐良机，我抓紧时间，悄悄潜伏到那些孩子身旁，拿出我的看家本事。我贪婪着吮吸着鲜血，开心极了，打了一个饱嗝，才肯罢休。

"啪"的一声，我吓了一跳。"快起来吃早饭上学，要不迟到了！"妈妈在我的屁股上拍了一巴掌，嘴里蹦出了这些话。

"我吃饱了。"我嘟囔着。妈妈一脸茫然，愣了愣，笑了起来："梦还没醒呀。"

我的航天梦

高博伟

每当夜幕降临，天空中就会出现一轮明月。小时候，我对它很好奇，不知那是啥东西。现在，虽知它是月亮，但对它还是一知半解，而我对它最近的观察，是上四年级的一个晚上。

那天是端午晚上，一中下课时，我到教学楼上看表姐。我一直对楼上那个闪闪发亮的"球球"感兴趣，这次，当我上到四楼时，发现到楼上的那个门开了，于是大步一跨，几步小跑，冲到上面。进去后才知，原来里面是个天文望远镜，吓得我一跳，两千多万呀，不得了！里面静得发奇，几个大人正在小声地说着，看到我过来，就叫我过去看月亮。"这可是千载难逢的好机会，不能错过。"于是，我跑去，用左眼对准那个小孔。啊，一个真实的月亮浮现在我的眼球当中，它是那么的美丽、神奇，让我产生无尽的遐想，就在这一刻，我的航天梦油然而生，像一股不灭的火焰烧炽着我的心胸！

于是，我的理想便从此产生。由于我对我的数学胸有成竹，所以就浮现出当一名中国未来的航天工程师的梦想。

前几天，随着"嫦娥一号"的顺利升空。我国对月球的探索从此开始，我相信，今后会有"嫦娥二号""嫦娥三号"的出现。那么，我国未来的航天航空事业会变得更美好！

我的航天梦，虽然可能性比较小，但只要我努力，就一定能成功！

粉丝煲的味道

许　蕾

真的，从今以后，我可能再也吃不到那美味的粉丝煲了。

或许是巧合，烂漫的星空上，一颗象征着友谊的星星冉冉升起！

那是两年前的一次放学路上，我与锦成了朋友，从那时起，我回家的路上就多了两道并在一起的身影。冬天，我们挤在一起，紧握手中的硬币，去一家小店买一杯热乎乎的粉丝煲，我们的心也随之暖和起来。从那时起，我开始喜欢冬天，喜欢和锦结伴。每一次，只要与她在一起，我便有了欢乐，是她把我的心塞得满满的。

令人久久不能忘怀的还是那粉丝煲的味道。记得发现它的时候，是因为聚集了很多人，把我们吸引了，过去。挤了很长时间，才挤到。每次一放学，我们便快马加鞭地赶到那儿，为的就是粉丝煲，为的就是和锦一起捧起热乎乎的粉丝煲，每次，我们都是第一个到的。手中小小的一碗粉丝煲，包含了粉丝，凉皮的爽滑，黄瓜海带的脆嫩，汤汁的鲜美。此时此刻，它虽不是全国最美味的，但它是最有意义的，它是我与锦之间的友情见证；此时此刻，它仿佛是属于我俩唯一个象征，吃粉丝煲呼出的热气，凝结而成的东西也是世上最美好。

渐渐的，那颗星星愈发的闪亮。

一次，一贯不爱吃辣的我，因为要与锦比一比谁更不怕辣。所以，我大勺大勺地往碗里加辣椒，丝毫不客气，锦只是笑笑，说我不怕死，我更不服了，于是又加了一些。我在吃的时候，虽然拼命地忍住辣，但眼泪还是不争气地往下淌，锦只在一旁慢慢地吃着，好似什么都不曾发生过，事实上，她是怕笑得过猛弄洒了汤汁。后来，我把那份粉丝煲扔了，太辣了！

随着时间的流逝，我的大脑里也不断增添着我与锦的新的快乐。然而在茫茫宇宙中，这颗人人都说是永远最耀眼，最闪亮的友谊之星却坠落了。

我与锦发生矛盾了，两人就再也没怎么说话过，更别说是走在一起走了。每次的放学路上，我在街这边，而她就在街对面。对我来说，她好像很近又很遥远，看似是一步之遥的距离，其实我们的心已经远了。那件不愉快的事就像一个威力无比的拳头，一下子打碎了我所有是快乐，它又像一把刀子，从我心中刺过，好痛，好痛！一直以后，我们中的谁都没有再去提粉丝煲，也没有再去买它。

有时，走进那个小店，刚掏出钱，但又塞了回去，因为总觉得似乎少了一个人，心里空荡荡的，唉！一碗粉丝煲竟让我如此的放不下了！

岁月的河流冲刷着我心灵的创伤，抚平了我内心的伤感。我开始慢慢适应了没有她的陪伴，于是不再想她，也不再想与她的事。

后来，我与锦被分在了不同的班级，见面的机会少之又少。或许是怀念，或许是惋惜，冬天被人捧在手心的粉丝煲再次点起了我内心湖中的一片片涟漪。一日，我与好友敏去买在心中沉淀已久的粉丝煲，当我迫不及待地尝了一口，那味，变了，变咸了，仿佛是我内心挣扎的眼泪。那咸咸的汁，使锦的画面再次浮上我的心头。我怀念着两年前冬天那粉丝煲的味道。尽管那时的情景现在已经淡忘，但不知为什么，我心头突然变得酸酸的，是我与锦的友情吗？

那个令我怀念，令我惋惜的味道。

粉丝煲，我怀念，怀念它的味道，更怀念捧着它的人。

火 柴 天 堂

夏 璐

回味是一杯咖啡。不加糖，是杯苦咖啡；加了糖，就香浓可口。回味正是如此。

很早就知道《卖火柴的小女孩儿》这个故事，现在想起来仍记忆犹新。小女孩儿在新年夜抱着满兜卖不出去的火柴，徘徊在大街上。她觉得冷，渴望得到父母的疼爱，等待着买火柴的人，至少她知道生活的意义，仅仅希冀一份简单的满足。

我带着满腔挥不走的抑郁烦愁，孤独地在大街上漫无目的地走着。我有个温暖的家，作为爸爸妈妈掌上明珠的我，更无须去卖什么火柴。可是，我彷徨、迷惘，不知道生活的意义。

"你真不知足！"我听到了一个声音的斥责，同时脑际闪过小女孩冻得瑟瑟发抖的身影和她疲惫的面容。"其实我们……"我试着寻找为自己辩解的理由，却只看到一束束刺眼的灯光。

"那我们换换吧！"又一个声音对我说。

"噢！我们？我……"我被这个颇具冒险的念头吓了一跳，但我很快答应了，满怀着好奇心。

瞬间，周围安静下来，我开始感到一种奇妙的晕眩。再一次清醒后，我被自己的样子吓坏了：裸露着双脚，身上只穿着一件单衣，破烂的兜里静静地躺着十多盒崭新的火柴。瞬间而来的寒流侵蚀了我的全身。街道上只剩下少数几个行色匆匆的路人正在往家里赶去，商店也都关门了。只是所有的玻璃窗都射出光来，街上飘着一股浓浓的烤鹅肉的香味。我哆哆嗦嗦地往前走，觉得又冷又饿。在街角拐弯处我坐了下来。真不敢相信自己已经处在18世纪丹麦的大街上，亲身经历这一个流传已久的童话故事。

……

过了许久，我再次睁开眼睛，迎接我的是另一个天堂——我的家！周围环境并没有怎样改变，我的心中却经历了一场灵魂的荡涤。此后，每当我心灰意冷，我总会想到那个神奇的夜，那神圣的火柴天堂！

怎么样，你们是不是也有这样美好的回忆呢？

牢记那个手势

高子悦

那天，天灰蒙蒙的，家中就像个炼丹炉，老天爷一副不下一场大雨决不罢休的样子。坐在窗前，手似乎摸到什么东西，拿出一看，是本相册，已好久未翻开过，上面布满了灰尘。

这时，一幅画面呈现在眼前：那年，我们四年级，班主任要去外地上班，决定开个联欢会，同学们无不欢呼雀跃。

离别在即，那天我特意带了姐姐的数码相机去，准备拍些照片留作纪念。

"璇，把她们喊过来，我们拍些照片吧！"我边摆弄着相机边对旁边的璇说。

"行，没问题，等会啊！"璇说，"喂，过来照相了，快点儿，过时不候啊！"

"来了"。

"让一下，我要站在这里！"

"不嘛不嘛，这里最显眼，我要站在这个位置！"

"凭什么，我站这……"

"行了，都多大了，有什么好争的，别争了，我们站成两排，大个在后，小个在前，前面三个，后面四个，快点儿。"我在一旁苦笑

着说。

"嗯，摆什么Pose好呢？这是个问题？"璇故作伤脑筋的样子。

"随便，快点！"我一脸的漠不关心。

"一、二、三，开拍！"

"茄子"

"咔嚓"一声，照好了，打开机子一看，天啊！按理说，七个人照相应有七个Pose，可我们几个呢，七个人中有四个人都不约而同地摆出"V"字形手势。

"哈哈哈哈，我们几个是不是心有灵犀一点通啊！"

"这是不是就叫作追潮流呢？可能现在照相都这姿势吧。"

当时的我只是觉得搞笑，便没有再说些什么，V字形一个象征快乐的手势，是表达我们内心世界的最好的诠释。

如今，我们生活中的快乐有不少被老师的批评、家长的斥责销蚀了，被枯燥乏味的练习代替了。无奈和苦笑成了生活的旋律。那快乐的手势成了一份怀念，一份记忆，一份难忘，一份美好，也成了一份心灵深处的牢记。

"哗哗"雨终于下了起来，屋里也变得清爽多了。

生活有时就像一场雨，看似美丽，但更多的时候，我们需要忍受那些寂寞，无奈与痛苦，当没有阳光时，我们自己便是阳光，没有快乐时，我们自己便是快乐，微笑着面对生活，又何尝不是美好的生活方式呢？

后记：岁月的长河被舞得惊涛骇浪，但我仍摆一叶轻舟，牢记那个"V"字形手势，是快乐的谱写，是人生的向往，是面对困难的一笑而过……

读　你

赵凯琦

窗外雨声淅沥，我独自一人站在床边，翻开了泛黄的词卷，那墨汁点点，让我一步一步走近你。

荷叶碧绿，蜻蜓点水。在那浓密的荷叶深处，不时传出一阵阵清脆的笑声，那笑声和着蛙鸣显得格外悦耳、动听。我不禁回眸，看到风姿绰约的你。你着一袭粉色的长裙，在一片青翠欲滴的荷叶中，宛若一朵盛开的荷花。轻风微起，吹乱了你额前的发丝，你并不在意，继续划船前行，却不料闯入了荷花深处，无法脱身……"兴尽晚回舟，误入藕花深处"这本是你一时兴起的随意之作，却传颂至今，足见你的天赋。

纸页轻翻，已过大半。

金人挥戈南下，长驱直入。你与赵明诚一路逃亡到了乌江镇，这里曾是项羽兵败时的自刎之处，面对浩浩江面，你的脸上不再有笑容，有的只是沉重。金人入侵，多少人流离失所，连你也难觅安身之处，这时你才明白：倾巢之下，安有完卵？我分明看到了你紧握的双手，指尖深深扣进掌心，我知道你恨啊！你恨朝廷的无能，恨误国的奸佞之臣，甚至恨自己只是一个文弱之人，不能改变这一切。你长叹一声，对着乌江流水，脱口道："生当作人杰，死亦为鬼雄，至今思项羽，不肯过江东。"这种顶天立地的壮志豪情，恐怕也会令堂堂须眉折腰、无地自容吧。狂风吹打着你的衣襟，你却浑然不觉，我猛然发现你已不再只是那个天资聪颖的小女孩儿了，经历了那么多的国恨家仇，你多了几丝坚韧和反抗，面对苦难，你在抗争中磨砺心志。

我深叹一口气，掀开最后一页。

桌上的酒杯倾倒，一片狼藉，你独倚栏杆，醉眼微睁。院内的花儿早已落满一地，无人问津，你独自苦笑，笑自己又何尝不是孑然一人？你努力过，但却没有结果，你挣扎过，但却没有挣脱，于是，你终于明白了，一切都是徒劳。于是，你开始陷入一个又一个的愁苦的漩涡，终日饮酒度日，写下一篇又一篇的怨词，"唯有楼前流水，应念我，终日凝眸，凝眸处，从今又添，一段新愁""梧桐更兼细雨，这次第，怎一个愁字了得？""正人间天上愁浓，云阶月地，关锁千重"……我不忍再看你那憔悴的面容，摇摇头，缓缓转身，离去。

尘世如烟，转瞬千年。

我合上书，听着窗外的细雨惹梧桐。读你，好似做了一个穿越古今的梦。

我是独臂大侠

方　沁

今天，老师一上来就让我们云里雾里，她让王旭穿她的运动衣！这可真奇怪，老师笑吟吟的，可是，我们这一大群人头上跳动着无数的问号。后来，老师也道出了谜底，原来，是让我们"独，臂，穿，衣！"大家一听，立即来了兴致，后面的夏子豪更是疯狂："穿衣服！独臂穿衣！"他们在那儿兴奋地谈论，我心里犯了嘀咕："我衣服上拉链没有头呀，这可怎么办！"

这时，老师大喝一声："开始"大家都开始穿衣服了，汪浩然用独臂把衣服一扔，试图在一瞬间，把能动的手伸进去，可不争气的衣服，"哧溜"滑到地上去了，他无可奈何地一跺脚，用嘴叼起衣服，把右手穿进去，然后，把右手艰难地绕到最后面去拉衣角。好！只剩最后一题，拉拉链！他牵起一边衣服，往另一边衣服上搭，呀！掉下来了。他右手的"手足兄弟"在蠢蠢欲动，但他忍住了！啊！他终于搭上去了，三下五除二，拉上拉链，成功了！

第二轮，老师有一个提示，可以用上一切办法来穿衣！然后，什么也没多说，开始！

152

我笨手笨脚地把衣服往上套，费了九牛二虎之力，才把衣服套上去，却怎么也搭不上拉链，看看汪浩然，也是一副手足无措的样子，原来拉拉链拉不上去！

我急中生智，用自己的手帮他拉，边拉边对他说："我先帮你穿，完了你我再帮我！"啊，团结就是力量，在汪浩然的友情支援下，我终于穿完了衣服。

我晃着身子，看着班里一派"群袖乱舞"之像，眼睛弯成了月牙，我真是"独臂大侠呀！"

短暂中的精彩

蔡文丽

世界上有无数优雅高贵的词语，可它们永远不及拥有那种淡淡韵味的小短词。喜欢"残缺中的若隐若现的美丽"，却更爱那"短暂中不经意流露出的点滴般的精彩。"

打架，那是"情谊"好

"喂，站住，别跑。"只见某某女生，追着某某男生，手上还有一本来历不明的书本。先听到"嗖"的一声，然后便是某某人的哀号与"救命"的呼喊。此场景，就像天天都能看见家门口的那棵树一样，平常无奇。

这样的场景在老师发现之前，可是一场接一场地放映在我们眼前。当老师来时，我们一个接一个到老师那儿"做客"，场面惨不忍睹。于是，女生们开始想招儿了。

在一个阳光灿烂的艳阳天里，某男生彻底激怒了某女生，那可是火星撞地球，地球很生气，后果很严重。

"我告诉你，某某是我'姐'，某某是我女儿"，星期一我"姐"记名字，"星期二我……"就这么讲了一大堆话，如果，那男生还是不领情，于是，那女生便找来了一大堆的"亲戚"来当救援。最后，男生被驯服了。

在暴力的背后，"和平"解决，也许是最好的——女生和男生就是这么"铁"起来的。

粉笔的精彩人生

一个宛如火箭的白色不明飞行物，正中某人脑勺。

一个粉笔头在大地的映衬下显得更加突出。

飞速地捡起，朝那个笑得最厉害的那人砸去……不过三十秒，粉笔的一个变二个，三个……最后，空中，上上下下都飞舞着，盘旋着小小的粉笔。不一会儿，砸到的，没被砸到的，一个个加入这个庞大的阵列，全班就像锅里的水，全沸腾了起来，全班都笼罩在一个火热的气氛中。有人索性将抹布砸了出去，这可是又在滚滚油锅之中添了一把火，全班爆了锅。物品大大小小齐飞在空中。

那天，我们也不知道是怎么从班主任手中逃过一劫的……

正是课间短暂的精彩，丰富了我们情感。或许别人看来，很幼稚，很疯狂，很愚蠢，但这些或许正是在短暂的时间内，最精彩的一笔。

"不许笑"比赛

黄锐超

一个星期天的上午，我无聊地坐在沙发上，手握遥控器，不时换着电视频道。在房间里，爸妈各自捧着一部手机，正在看网络小说。

不一会儿，爸妈牵着手走到客厅，我阴阳怪气地说："你俩还默契得很呀！怎么出来了哈！"妈妈说："手机没电，关机了。"爸爸走到跟前，对我说："儿子，我和你妈闲着没事，你给想个有趣的消遣？""好！一句话的事。"我随口回答："我们就举行一次'不许笑'比赛，怎么样？""行！"爸妈异口同声地说。于是，我宣布比赛规则：在晚上八点之前，谁笑的次数最多，就会受到"惩罚"，如何惩罚由获胜者来定。

时间过得比往常似乎慢了好多。一家三口在严肃的气氛中吃饭午休。午睡起来，我到厨房拿牛奶。一回头，就见老爸正伸出一双手，想要来挠我痒痒，见被我察觉，便装作拿牛奶的样子，转身离开。我顿时警惕起来，暗想，老爸肯定会杀"回马枪"的，千万要提防着。但过了半天，又不见他动静。我决定打探一下"敌情"，便蹑手蹑脚走到门边，把头伸出去，见爸爸坐在沙发上，捧着报纸，正看得入迷。哈，正是"敌军"麻痹大意之际，此时不动手更待何时？我连忙蹲下身子，悄悄前移，到了老爸面前，突然站起来，把他吓了一大跳。可惜的是我自己忍不住，开心地大笑起来，爸爸也忍不住笑了。老爸提醒我笑了，我说老爸你也笑了。突然，老爸一把抓住我，准备呵我痒痒。我拼命挣扎，怎奈我人小力薄，逃不出"魔掌"：他用一只手摁住我，一只手不停地挠我胳肢窝，我笑得喘不过气来。

　　这时，老妈还在厨房洗碗，现在只有她一次没笑过了。我对老爸建议，我们要合作起来，把老妈搞笑。于是，我找到一个搞笑视频，爸爸请出老妈。老妈一看这视频就移不开眼珠子：一个小伙子在专心玩手机游戏，坐在一旁的妻子不时把一支冰棍塞到他嘴里喂他吃。他玩得入迷，舔舐一口，继续玩，再舔一口……突然他妻子把冰棒换成一只臭脚伸过去，他毫无察觉，照样舔一口，还美滋滋地咂咂嘴……看到这，老妈捂住肚子，"咯咯"笑起来。我和老爸互递一个眼神，哈，计划完美成功。

　　最终，统计比赛结果是，老爸和老妈各笑了一次，我笑了两次，所以，这次比赛"笑星"得主，非我莫属。爸爸打趣地说："'笑星'，请到你老妈处领取'奖品'。"老妈郑重宣布："本次奖品是——做一个月家务。"

　　"哇——"我一个趔趄，当场晕倒。爸妈同时大笑。哪知我一跃而起，郑重宣布："三人并列冠军。"

　　"哈哈哈哈……"笑声在客厅回荡。

让我欢喜让我悲

凌　寒

　　每天傍晚，我都会和妈妈还有她的同事及其女儿晨一起去县体育场散步。

　　到了那儿，我和晨便开始在旁边玩了起来。我们先玩双杠，我们的玩法可不一样哦！首先后退几步，然后跑向比我们高一截的双杠，借着助跑的力量抓住双杠，再跳着撑起来，这样我们就可以将双腿架起，坐到双杠的上面了。怎么样？比较刺激吧！其中我们体验的就是速度，快！快！快！

　　然后我们玩爬杆比赛，看谁先下来。预备，开始！我一刻不停往上爬，晨呢，她个小，胆也小，一格一格的爬，像一只蜗牛，真可爱。我要下来啦！晨，加油啊！晨看到我快下来了，就加快了速度，她要追上我了。不管三七二十一，我跳！我赢啦！我高兴地笑了，而她呢！鼓着小嘴像个小气球，用不服气的眼神看着我。看着她，我哈哈大笑起来，没想到，她也跟着笑了。这是我最开心的一次，比吃了麦当劳还开心呢！但快乐之中也悲。

　　我坐在双杠上准备下来的时候，腰撞到了双杠的端部，疼得我哇哇直叫，到现在还皮肤还乌一大块呢！更糟的是，我在爬杆的时候，蹭了一块皮，一碰就像花露水撒到破的地方，特别疼。我一点也不敢碰，然而妈妈还在唠唠叨叨说大道理，哼，你当然感觉不到，我有悲。我真是哑巴吃黄连——有苦说不出呀！

我在运动中感到快乐，但有时过猛就会受伤，这个让我悲。

家有三"狂"

吴 浩

大家好！我家有三"狂"。嘿！千万不要误会，我家可不是精神病院。这三"狂"分别是"购物狂""电视狂"和"游戏狂"。

一、购物"狂"

这个购物"狂"，老妈真是受之无愧。以前还好，购物要出门上街，多少有些麻烦。可是，自打家里装上电脑，老妈学会上"天猫""淘宝"之后，这购物瘾便一发不可收拾。一有空闲时间，她就伏在电脑上，埋头苦购。输入账号、密码，点击结算，一切动作可谓娴熟自如，行云流水，令人目不暇接。瞧！老妈此刻正坐在电脑前，右手握鼠标来回摆动，左手在键盘上不断按动，双眼专注盯住屏幕，浏览各种商品。每当老妈过瘾的时候，便是老爸伤心欲绝的时刻，因为老妈用的是老爸的银行卡，也不知有多少次了，老爸盯着银行结算单，捂住心痛不已的胸口，把眼泪往肚子里咽呢。

二、电视"狂"

至于"电视狂"这个称号，当然要授予老爸了。老爸对电视，那可是无比热爱。也正因为这份痴迷，才使他戴上近视眼镜，不过这可丝毫阻挡不了老爸看电视的狂热。老爸喜欢在电视上看足球赛，每次只要有直播，他总会第一时间来到电视机前观战。当他看到自己喜欢的球队进球了，总忍不住发出一阵欢呼，全然不顾时间和场合。记得一次深夜，老爸打着呼哨，在地板上蹦得震天响，将熟睡的我惊醒。起初，我还以为发生什么大事，仔细一听，才知道是爸爸看球赛发出的狂欢，真是虚惊一场！

三、游戏"狂"

接下来便是"游戏狂"，不用我说，想来大家都已经猜到，这"游戏狂"的雅号非我莫属。我爱玩游戏，这是一个不争的事实。你不信？那么，接下来，有实例为证。一次午后，我把饭碗一丢，就来到电脑前"奋斗"。这一玩，便是天昏地暗，也不知过了多久，妈妈一声呼喊，将我惊"醒"："儿子，吃饭了！""吃饭？不是刚吃过吗？难道我听错了？"我心中一阵迷茫，眼睛向窗外瞅去。哎呀！怎么天黑了？原来呀，我这一玩便是一个下午。

好了，这就是我家的"三狂"，最后，让我为我们家量身打造一个精美口号："家有三狂，其乐无疆！"

我家的"三国"

吴　楠

　　"三国"这两个字，在中国是老少皆知，但殊不知我家也有一个"三国"。

　　我爸爸是一家之主，所以，他当手握雄兵百万的曹操是再合适不过的了；我妈妈主管一家的财物，又是我家的主厨，所以，她应该是富甲一方的东吴孙权；而我呢，则是三国中最弱小的蜀主刘备，虽然我没有诸葛亮的辅佐，但我有两个锦囊妙计，也足使我称霸一方。

　　第一计是"空城计"。每到暑假的中午，家中就会发生一场"大战"：妈妈强制我午睡，而我坚决不从。经过一番较量，终究胳臂拗不过大腿，我"乖乖"地躺在床上午休。不过，我佯眯着眼，等妈妈前脚一迈出门槛，我就掀开被子，一骨碌起床，蹑手蹑脚地走到一个大柜子前，小心翼翼地打开柜子，拿出我小时候的大熊猫玩偶，轻轻地放在床上，再用被子将它蒙好，尽量把被子隆起，乍一看，就像我还在睡觉一样。侧耳倾听，隔壁"曹操"鼾声此伏彼起，即便他醒了瞥一眼我的床，也会被我的伪装骗过。"空城计"摆好之后，我悄悄溜出家门，找我的几个小伙伴疯玩一场。当然，我必须掐准了妈妈回家的时间，在她回来之前溜回家，然后躺在床上装模作样地打呼噜，等妈妈叫醒我。这种方法屡试不爽，我好生得意。

常在河边走哪有不湿鞋。有一次，我回到家，轻轻推开门，一眼就看见"孙权"那一双充满怒火的眼睛，我顿时顾不得男子汉大丈夫的颜面，低头求饶："主公，下次我再也不敢了！就饶我这一回吧！"妈妈听到这番软话，忍不住笑了，手一挥说："好吧，念你读书有功，饶你这一次吧。如若再犯，定斩不饶！"

　　第二计就是我的大绝招——"走为上计"。天下大势，合久必分，分久必合。当然，在这个"三国"中，"曹操"和"孙权"的关系也不是特别好，今天刚结盟，明天又爆发激烈的"战争"。我暗自好笑，但表面还得充当和事佬，在"曹操"和"孙权"之间斡旋、调解。然而，好心不得好报，我一出面，他们立刻停止"战争"，将矛头一致指向我，把我以前犯的错都一一抖搂出来，狂轰滥炸，合伙"讨伐"我。哎，看来国与国之间，只有永远的利益，没有永久的朋友啊。俗话说一人难敌二手，我看情况不妙，赶紧脚底抹油，逃往"成都"——我的卧室。直到他们和好如初，雨过天晴，我才敢再次现身。

　　你看，这就是我家的"三国"，一个别样的"三国"吧。

我"恨"妈妈

许　粟

　　记得上小学，妈妈总是给我报许多培训班：口才班、书法班、美术班、舞蹈班、英语班、钢琴班……一连串的名字让我目不暇接。每个双休日，课程排得满满的，我基本没有一点儿休息时间。哎，我变成了一台读书机器，无休止的补习，让我变得烦躁不安。

一天，上完书法班回家，一进门就闻到一股香味儿。"好儿子，妈妈给你烧好吃的了！""糖醋排骨，我最爱吃！"我高兴得手舞足蹈，顾不得斯文，就要伸手去抓排骨，妈妈捅了我一下后背，笑嘻嘻地说："小馋猫，讲究卫生，快洗手去！"回到桌子上，妈妈已经给我盛好饭，夹了几大块排骨在碗里。我津津有味地吃着，妈妈又夹了几块，和声细语地对我说："儿子啊，吃好，吃饱。看你这身体，精瘦，想不想长得壮实一点呀？"听妈这语气，令我猛然警醒：天啊，这是不是鸿门宴呀？

我白了妈妈一眼，心里想：又要给我下套，我才不上当呢。于是我故意大声对妈妈说："不想！有钱难买……"还没等我说完，妈妈的脸由晴转阴，生气地说："有钱难买老来瘦，小屁孩，这话你也能说吗？"一向是我铁杆盟友的老爸，在旁边连声附和道："对呀对呀，孩子就这样好得很，瘦点精神呀！再说只要饮食正常，孩子会逐渐长壮实的，你只要别再增报补习班，把孩子累坏就可以啦！"

老妈的脸沉得快要掉到地下，她知道下套没成功，索性就来硬的。只见她狠狠地一拍桌子，汤都被溅了一桌，她指着老爸鼻子，厉声道："你这样宠着儿子，他能成才吗？身体是本钱，不强壮行吗？别再啰唆了，赶紧报个跆拳道班！"

爸爸无奈地摇摇头，嘴里嘟囔着，朝卧室走去。我顿时没了胃口，把筷子狠狠地扔在桌上，跑进书房，锁门，躺在沙发上，两行辛酸的泪水流了下来，哎！妈妈呀妈妈，我真有点儿恨你！

隔墙，爸妈在激烈地争吵。

爸爸吼道："儿子是人，不是机器，你想累死他吗？"

妈妈尖叫着："累一点儿怎么了？吃得苦中苦，方为人上人！"

爸爸有些焦急，声音抬高了许多，近乎歇斯底里："你懂得教育孩子吗？长期补课就等于是车轮战，对孩子的身心都会造成严重损害，还会束缚孩子思维、压制他的个性发展……"

没想到爸爸还真有一套，渐渐的，一向强势的妈妈没了声音。

后来，妈妈果断取消了几个培训班。而我，终于减轻了压力，增加了许多自由支配的时间，不过我并没有懒惰，妈妈那句"吃得苦中苦，方为人上人"的话一直铭刻在我脑海里，警醒我不要放松学习。

如今，我已是懂事的六年级学生，再回想起来，开始能理解和体谅妈妈的良苦用心，尽管有些做法不妥，但那份深爱，我又岂能去恨呢？

第一次包蟹粉小笼包

钟睿灵

我最喜欢吃的就是小笼包，而小笼包中的极品就是蟹粉小笼。

要想吃蟹粉小笼，可得需要有耐心。外婆从冰箱里拿出了蟹粉和五花肉，我把五花肉切成了肉沫，与蟹粉拌在一起，然后又从冰箱里拿出一小袋面粉，和着水一起揉面。这可是个技术活，多少面配多少水，以及什么样的手法才能将面团揉的均匀、有劲道，这些经验可不是一朝一夕就能练成的，对于我这个做饭菜鸟来说想要凭自己的一双手一次搞定，那简直是开玩笑！不过，大家不用担心，因为我有外婆做我坚强的后盾，一切都变得简单起来。

在高参外婆的指导下，我费了九牛二虎之力把面团搬上了桌子，揪下一小撮，把它们搓成长条形，再用刀把它们切成大小均匀的小块，然后用擀面杖擀出了包小笼包要用的皮。在外婆的协助下，我做好了几十个面皮，接下来的工作就是装馅啦！这道工序也是有讲究的，据说闻名海内外的天津"狗不理"包子在做工上有明确的规格标准，特别是包子褶花匀称，每个包子都是十八个褶。我的技术当然达不到那个高度，所以只能退而求其次，尽自己最大的努力让它们每个看起来都像包子。

当我满头大汗忙完之后，外婆就开始蒸包子了。在漫长的等待过程中，我带着满满的好奇与忐忑的心情坐在一边，既对即将出炉的作品有着浓浓的期待，可又害怕自己第一次做出的小笼包不成功。

终于，在外婆的一声"好了"声中，蒸笼的盖子被打开。我迫不及待地探出头，在缭绕的烟雾中寻找我的"大作"，只见那一个个刚出屉的包子，大小虽然不是很整齐，但是颜色非常的晶莹洁白，含有蟹粉的肉馅被包在粉白的面皮里，看上去如薄雾之中的含苞秋菊，赏心悦目！我赶紧拿来一边早准备好的碗筷，捡了一个小笼包放进碗里，轻轻地吹了吹，确保不会烫嘴之后，一口咬了下去，哇！馅多皮薄，油水汪汪，香而不腻，我情不自禁地闭上了眼睛，贪婪地想把这种美好的感觉留地久一点儿，再久一点儿……

爸爸妈妈下班回来后吃了我做的蟹粉小笼包，都纷纷竖起了大拇指，赞不绝口。我跟外婆快乐地交流了一下眼神，做了一个OK的手势！大人的夸奖让我的心里就像吃了蜜那么甜，回味悠长。

挑 战 意 志

苏莉珊

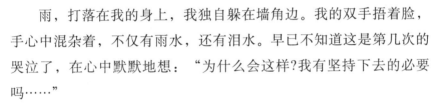

雨，打落在我的身上，我独自躲在墙角边。我的双手捂着脸，手心中混杂着，不仅有雨水，还有泪水。早已不知道这是第几次的哭泣了，在心中默默地想："为什么会这样?我有坚持下去的必要吗……"

又是一次发试卷，心中是那样般的自信，自认为这会是一个令人心服口服的成绩。但是，拿在手上的试卷，边角已是被我捏得破烂不堪，双手为之颤抖，试卷上面那鲜红的7字开头的数字，让我一言难尽。我就开始胡思乱想我身为此科的课代表，考得这么差，得让老师多失望啊。

只有在自己心中怨恨：我，明明已经很努力了，可为什么……

我不管别人的眼光，是充满嘲笑的也好，是充满怜悯的也好。我背上书包，径直地往校门口跑去。离开校门后，在街道上总有形形色色的人，他们怎么那么自由? 他们有感受过被学业压制的痛苦吗?

在离家不远的地方，就有一家我喜爱的咖啡厅，在这里传出了一首歌："是谁说伟大才值得歌颂，乘风破浪也不一定会成功。生命只能向前，坚定信念的人都是英雄。"我停下脚步，被这首歌给震撼到了，似乎又想到了什么。

成功的总有几个，为什么不是我呢？我加快了脚步，向家走去。

第二天，心情也不是太好，昨天的成绩让自己有些打不起精神来。不料，老师来到了班上，说道："昨天考试成绩在95分以上的同学来我的办公室，有些小礼物给你们。"老师停顿了一下，又说："还有我的课代表，她也很努力了，也过来吧！"

我十分惊讶，来到办公室。但见到老师时，我又觉得自己太让老师失望了，便失落了几分。老师看到了我，却显得十分高兴，她递给我一个书签，说道："拿去激励自己吧，你的潜力很大的！"只见书签上写着："不要为了看到希望才努力，是要努力了才能看到希望。"我心中一震，向老师道了谢，便走了。

很快，期末考试来到了，我拾起以往的信心，迎接考试。令人高兴的是：我终于成功了，得到了自己满意的成绩。在发成绩的那天，我又遇见了老师，她微笑着，眼中充满了欣慰以及坚定。

这一次，外面阳光明媚。